La entrada abierta
al palacio cerrado del rey

Ireneo Filaleteo

La entrada abierta al palacio cerrado del rey

EDICIONES OBELISCO

Si este libro le ha interesado y desea que le mantengamos informado
de nuestras publicaciones, escríbanos indicándonos qué temas son de su interés
(Astrología, Autoayuda, Psicología, Artes Marciales, Naturismo, Espiritualidad,
Tradición…) y gustosamente le complaceremos.

Puede consultar nuestro catálogo en www.edicionesobelisco.com

*Los editores no han comprobado la eficacia ni el resultado de las recetas,
productos, fórmulas técnicas, ejercicios o similares contenidos en este libro.
Instan a los lectores a consultar al médico o especialista de la salud ante
cualquier duda que surja. No asumen, por lo tanto, responsabilidad alguna
en cuanto a su utilización ni realizan asesoramiento al respecto.*

Colección Biblioteca esotérica
LA ENTRADA ABIERTA AL PALACIO CERRADO DEL REY
Ireneo Filaleteo

1.ª edición: septiembre de 2024

Título original: *Introitus Apertus ad Occlusum Regis Palatium*

Traducción: *Juli Peradejordi y Prudenci Reguant*
Corrección: *Elena Morilla*
Diseño de cubierta: *Carol Briceño*

© 2024, Ediciones Obelisco, S. L.
(Reservados los derechos para la presente edición)

Edita: Ediciones Obelisco, S. L.
Collita, 23-25. Pol. Ind. Molí de la Bastida
08191 Rubí - Barcelona - España
Tel. 93 309 85 25
E-mail: info@edicionesobelisco.com

ISBN: 978-84-1172-164-6
DL B 6164-2024

Printed in India

PRESENTACIÓN DEL EDITOR

La vida y la obra de Ireneo Filaleteo constituyen una paradoja poco menos que indescifrable. Este personaje, que aparece en la historia de la Alquimia como el digno sucesor del Cosmopolita, a quien cita a menudo en sus escritos, nació en Inglaterra a comienzos del siglo XVII.

En el prefacio de *La entrada abierta al palacio cerrado del rey,* nuestro autor se declara Adepto e Inglés de nacimiento, y deseando ocultar su identidad bajo el seudónimo de Filaleteo. Afirma también haber escrito este tratado a los treinta y tres años (veintitrés en algunas variantes). Su nacionalidad queda confirmada por el último capítulo del *Introitus:* «Firmo con el nombre de Ireneo Filaleteo, Inglés de nacimiento, habitante del Universo» (XXXV-V). Para Lenglet du Fresnoy[1] nació en 1612; esta afirmación, corroborada más tarde por Louis Figuier,[2] se basa en el prólogo del *Introitus*

---

1. Lenglet du Fresnoy, *Histoire de la Philosophie Hermetique,* Chez Coustelier, París, 1742 (reed. 1754), tomo I , pág. 403.
2. Louis Figuier, *L'Alchimie et les Alchimistes,* París, Hachette et Cie., 1856, pág. 276.

7

que, según él, fue compuesta, en el año 1645, trigésimo tercer año de su edad.

Sin embargo, según Ferguson,[3] y también según Jacques Sadoul,[4] en la primera edición inglesa se puede leer veintitrés en lugar de treinta y tres. Esto se debería, según Sadoul, a un error de imprenta o a una corrección intencionada del editor al considerar la edad de veintitrés años excesivamente temprana como para que el público creyera que Filaleteo era un Adepto. Por otra parte, es presumible que la edad de treinta y tres años no sea sino una cifra puramente simbólica, refiriéndose al tiempo que Filaleteo necesitó para consumar la obra, coincidiendo, por ejemplo, con la edad de Cristo al morir o con el número de grados de ciertas obediencias masónicas.

Si el *Introitus* no fue publicado hasta 1667, su reputación, así como la de Filaleteo, eran ya grandes entre los aficionados al Gran Arte. Ya en 1654 apareció en Londres un tratado en verso en inglés titulado *Medulla Alchemiae* («La Médula de la Alquimia») cuyo autor pasaba por ser Ireneo Filoponos Filaleteo. Declaraba haber recibido de Filaleteo una provisión de polvo transmutatorio, instrucciones de cómo debía utilizarlo, así como varios tratados manuscritos entre los que se encontraba el *Introitus*. Aparecía en esta obra un prefacio firmado por Egregius Christo, que se presenta como el editor de las obras de Filoponos. Se supo pronto que el personaje que se ocultaba bajo el seudónimo de Egregius Christo era un tal Georges Starkey, naci-

---

3. John Ferguson. *Bibliotheca Chemica,* Oxford, 1905, pág. 194.
4. Jacques Sadoul. *El Tesoro de los Alquimistas,* Ed. Plaza y Janés, cap. VIII, Barcelona, 1972.

do en las Bermudas hacia 1627 y que había vivido en Boston hacia 1650.

Gracias a Starkey sabemos que Filaleteo vivió en América y que acostumbraba a trabajar en su laboratorio, donde produjo grandes cantidades de oro y de plata. Varias veces obsequió a Starkey y a su hijo con el producto de sus transmutaciones. Starkey fue el autor de un libro titulado *Pyrotecnia,* editado en Londres en 1658, del que Robert Boyle emitió grandes elogios en sus *Consideraciones sobre la utilidad de la filosofía natural experimental* (Oxford, 1663). Esta obra fue traducida en 1706 por Jean le Pelletier y editada en Rouen con el nombre de *La Pyrotechnie de Starkey ou l'Art de volatiliser les Alcalis.* En 1712 apareció una edición alemana en Frankfurt (Georg. STARKEY, *Etleuterte Pyrotechnie oder Kunst das Philosophische fever zu halten, in 12º*).

El nombre de Starkey pasó a la historia por ser el descubridor del jabón de trementina. Padeció grandes dificultades financieras, lo que hizo que sus acreedores lo llevaran a los tribunales y fuera encarcelado. Murió en septiembre de 1665 en la famosa epidemia de peste que asoló Londres.

Se sabe que ya desde el año 1651 circulaban copias manuscritas del *Introitus* entre los miembros de un pequeño círculo alquímico que se autotitulaba «El Colegio Invisible», al que pertenecía Starkey. Daniel Elzewir, en su edición del tratado *Experiencias sobre la preparación del Mercurio filosófico para la Piedra,* atribuido a Filaleteo, lo presenta como «Filósofo americano, Inglés de nacimiento y habitante del Universo».

Este tratado apareció en Ámsterdam en el año 1668, cuando Filaleteo tendría alrededor de cincuenta y seis años.

Se ha lanzado la hipótesis de que el verdadero nombre de Ireneo Filaleteo era Thomas Vaughan.[5] Un alquimista de principios del siglo xx, Fulcanelli, que cita ampliamente a Filaleteo en sus obras, nos confirma esta hipótesis en *Las moradas filosofales*.[6] Para Lenglet du Fresnoy,[7] por otra parte, no cabría dudar de que Vaughan y Filaleteo son una misma persona. Existía en País de Gales una familia Vaughan, uno de cuyos miembros era lord y par, hacia 1620, y es muy posible que Ireneo Filaleteo perteneciera a esta noble familia, si hemos de creer a Jacques Sadoul, que afirma la existencia de un manuscrito de puño y letra de Thomas de Vaughan firmado por Filaleteo.[8] De todos modos, hemos averiguado por otras fuentes que el manuscrito al que se refiere Sadoul no es de Ireneo Filaleteo, sino de Eugenio Filaleteo, lo que no hace sino complicar todavía más, si cabe, la incógnita sobre la personalidad de nuestro Adepto. Este manuscrito parece ser el de una obra titulada *Long livers with the rare secret of rejuvenescency of Arnold Villanova*, atribuido a Filaleteo y colocado por Lenglet du Fresnoy en la lista de sus obras,[9] que fue publicado in 8° en Londres (1727), pero que apareció como original de Eugenio Filaleteo.

Thomas de Vaughan conoció una cierta fama como poeta, y al declarar el ocultista Arthur E. Waite que Vaughan era Filaleteo, un lector del *Saturday Review* le recordó que

---

5. Ver L. Figuier. *Op. cit.,* pág. 227; y L. du Fresnoy. *Op. cit.,* pág. 403.
6. Fulcanelli, *Las moradas filosofales*, Ed. Plaza y Janés, 1978, pág. 218.
7. Lenglet du Fresnoy. *Op. cit.,* pág. 403 del tomo 1.
8. Jacques Sadoul. *Op. cit.,* pág.169.
9. Lenglet du Fresnoy. *Op. cit.,* tomo III, pág. 278.

este poeta no había estado nunca en América, con lo cual la hipótesis generalmente aceptada perdería credibilidad.

Otro posible personaje que también habría podido ser Fileleteo fue uno de los miembros de la Royal Society, llamado John Winthrop. Se sabe que este gobernador de Connecticut, desde 1659 hasta 1662 practicó en las artes químicas y mantuvo correspondencia con los principales sabios de Europa, entre los que se contaban Newton y Jean d'Espagnet. El lector podrá ver a lo largo de su lectura del *Introitus* los numerosos paralelismos entre esta obra y la *Arcanum Opus* de Jean d'Espagnet.

Se sabe también que Newton poseía un ejemplar profusamente anotado de la edición inglesa del *Introitus*. Con todo ello vemos que no sólo es un misterio la identidad de nuestro autor, sino que también lo son sus obras y su vida.

Su vida, si hemos de creer a Louis Figuier, no es menos inquietante: ya desde muy joven Filaleteo es un personaje errante que lleva una vida agitada y llena de aventuras. Se sabe con bastante certeza, ya lo hemos visto, que estuvo en América, donde se hacía llamar Dr. Zheil, y que en 1636 estuvo en Holanda utilizando el nombre de Carnobio. Como él mismo nos dice en su *Introitus*, se vio obligado a ocultar su verdadera identidad cambiando numerosas veces de nombre, para evitar envidias y persecuciones. Vivió durante algún tiempo en Francia y, aunque se ignoran las fechas exactas de su permanencia en este país, vemos que el *Introitus* demuestra un profundo conocimiento de las obras de algunos autores franceses como Nicolás Flamel o Jean d'Espagnet.[10] Vivió en Francia apartado del mundo «de

---

10. Véase especialmente nuestras notas de los capítulos II y VII.

una manera tan escondida que sólo se dejaba ver a los amigos de confianza», y es curioso constatar que la mayoría de las obras que se le atribuyen fueron escritas en francés o se encuentran en manuscritos franceses.

Como muchos Adeptos, especialmente el Cosmopolita, si Filaleteo tuvo que esconderse fue debido a la avidez y la codicia de sus contemporáneos. Anduvo errante de nación en nación sin poder instalarse definitivamente en ningún lugar por razones de seguridad; él mismo nos lo relata con las siguientes palabras:

«He encontrado al mundo en un estado tan corrompido que no se encuentra prácticamente nadie entre los que se dan una imagen de hombre honesto o que anuncian su amor al bien común, en quien la finalidad personal última no sea un interés sórdido e indigno. Y ningún mortal puede hacer nada en la soledad ni siquiera obras de misericordia, sin poner en peligro su vida. Lo he experimentado hace poco tiempo en el extranjero... He sufrido los peores disgustos, obligado a disfrazarme, a afeitarme la cabeza y llevar una peluca, a utilizar otro nombre y a huir de noche, pues de otro modo habría caído en manos de los malvados que me acechaban» (XIII-IV). Y más adelante:

«Tanta es la maldad de los hombres, que he conocido a ciertas personas que fueron estranguladas o ahorcadas y que, sin embargo, eran ajenas a nuestro arte» (XIII-VIII).

«Me atrevo incluso a asegurar que poseo más riquezas de las que posee el Universo conocido, pero las acechanzas de los malvados no me permiten utilizarlas» (XIII-XXVIII).

Como el Cosmopolita, firmó sus obras y se dio a conocer con un seudónimo; éste, Iraeneus Philaletha, merece que nos detengamos a observarlo. *Iraeneus* significa en griego «el pacífico» y *Philaletha* «amigo de la verdad» o «aquel que ama la verdad»; ambos son buenos adjetivos para un Adepto.

Se ha dicho que fue Filaleteo, en el transcurso de una transmutación pública, quien convirtió a Van Helmont a la Filosofía Hermética.[11] Esta conjetura fue apoyada por Starkey.

Muchas fueron las proyecciones públicas realizadas por nuestro Adepto a lo largo de su vida y, según consta en documentos de la época, fueron las más espectaculares, pues su polvo de proyección superaba en potencia al del resto de los Alquimistas. Dos de las transmutaciones que han pasado a la historia, la realizada por el propio Van Helmont y la de Helvetius, parecen haber sido efectuadas con polvo de proyección entregado a estos dos sabios por discípulos de Filaleteo.

En La Haya, corriendo el año 1666, Helvetius declaró haber recibido una caja con polvo de proyección «capaz de hacer veinte toncladas de oro». Se trata, como por casualidad, de la misma cantidad que citó uno de los desconocidos que entregaron a Van Helmont el polvo de proyección con el que transmutó mercurio en oro. Se podría deducir de ello, si tales afirmaciones son ciertas, que en el año 1666 Filaleteo estaba en Europa, lo que queda confirmado por el testimonio de John Langius, uno de sus traductores que declara haber recibido un escrito de manos del Adepto este mismo año.

Michel Fastius, que editó también el *Introitus*, afirma haber conocido a varios ingleses que mantenían correspondencia con Filaleteo. Uno de ellos sería Robert Boyle, el

---

11. Véase Louis Figuier. *Op. cit.,* pág. 278.

famoso químico, físico y filósofo discípulo de Bacon[12] que, al parecer, no sólo estuvo en correspondencia con él, sino que gozó también de su amistad personal. Es interesante observar que Boyle nació en el año 1691, es decir veinticuatro años después de la primera edición del *Introitus,* cuando, según los cálculos de Lenglet du Fresnoy, Filaleteo contaría con setenta y nueve años. Si posteriormente existió una relación de amistad entre estos dos personajes, tendríamos que admitir que nuestro autor constituye un caso extraordinario de longevidad. Jacques Sadoul,[13] por su parte, afirma que el amigo de Robert Boyle no era sino Thomas de Vaughan, que también pertenecía al pequeño grupo de sabios que constituirían el núcleo de la futura Royal Academy de Inglaterra, insinuando sin embargo que Vaughan y Filaleteo no eran sino una sola persona, como ya hemos apuntado anteriormente.

El lector podrá apreciar la enorme confusión que, a nivel histórico, rodea a este personaje, pero lo que es sin embargo innegable, y la lectura del *Introitus* bastará para confirmarlo, es que Filaleteo es un espíritu muy religioso, del que se ha llegado a afirmar que era católico.[14] Manifiesta en el *Introitus* un gran interés por los israelitas (XIII XXX), característica que comparte con Nicolás Flamel. En la opinión de los autores que le siguieron, especialmente Fulcanelli,[15] el *Introitus* no es solamente la obra más importante de Filaleteo, sino también la más sistemática, completa y

---

12. Lenglet du Fresnoy. *Op. cit.,* tomo I, pág. 404.
13. Jacques Sadoul. *Op. cit.,* pág. 169.
14. Véase la presente obra, especialmente el capítulo «Del uso del azufre maduro en la obra del Elixir».
15. Fulcanelli. *Op. cit.,* pág. 103.

sabia de las obras que la Alquimia ha producido; y Filaleteo, el ejemplo del verdadero Adepto.

Observemos, para concluir, que esta obra está dedicada especialmente a los lectores de la última edad del mundo (pref.-II; cap. XIII-XXXIII).

El *Introitus*

Las opiniones de los estudiosos no coinciden en decidir cuál fue la edición *princeps* del *Introitus*. Junto con la *Novum Lumen Chymicum*, del Cosmopolita, y *El libro de las figuras jeroglíficas* de Nicolás Flamel, el *Introitus Apertus ad Occlussum Regis Palatium* es quizás el tratado alquímico más conocido en el Occidente moderno. Es también uno de los más enigmáticos tanto para los historiadores como para los aficionados a este tipo de literatura. Si se considera generalmente que la edición original fue la inglesa de William Cooper, in 8° London 1669, la primera en imprimirse fue en realidad la de un médico de Heidelberg, John Langius, que apareció en Ámsterdam en el año 1667, también in 8°. Langius declara haberla traducido de un manuscrito inglés que Filaleteo le confió en el año 1666. No se ha podido comprobar la veracidad de tal afirmación, y tanto la edición de Cooper como la de Langius son famosas por sus errores y erratas, utilizándose con más confianza la magnífica edición latina de Lenglet du Fresnoy, de 1742. Lenglet du Fresnoy afirma[16] que, siendo tan imperfecta la edición de Langius

---

16. Véase pág. XIV del prefacio al tomo II de la *Histoire de la Philosophie Hermetique. Op. cit.*

y estando Filaleteo vivo, le rogó que publicara su obra en mejor estado que la edición que acababa de aparecer. Si la versión francesa del mismo Lenglet du Fresnoy nos ha parecido incluso infiel y delatadora de una absoluta ignorancia acerca del Gran Arte, su versión latina nos ha resultado mucho más convincente que el resto de las versiones que hemos tenido ocasión de consultar, y hemos optado por usarla como base para esta traducción española. Hemos observado, por otra parte, que eruditos de la talla de Louis Figuier o Eugène Canseliet utilizan normalmente esta edición en sus citas, lo cual nos ha llevado a confiar más aun en ella.

De todos modos, por medio de notas, hemos ofrecido al lector las variantes más sobresalientes que hemos observado entre el texto de Lenglet du Fresnoy y otras dos versiones. La primera de ellas, quizás una de las más utilizadas en Francia durante el siglo XVIII, es la de la *Bibliothèque des Philosophes Chimiques* de Guillaume Salmon (París, 1754), que hemos abreviado con las siglas «B. Ph. Ch.». La otra es una traducción española que apareció en Madrid en el año 1727, realizada por Teófilo, seudónimo de F. A. de Texeda.

Maxime Préaud, en su edición del *Introitus,*[17] señala las variantes entre la versión de Lenglet du Fresnoy y las ediciones de Langius y de Cooper, y nos ha parecido que era inútil repetir aquí estas variantes, pudiendo el lector dirigirse a *L'Entrée ouverte au palais fermé du roy*, (trad. M. Préaud). En lo que se refiere a las que nosotros señalamos, las diferencias son bastante abundantes y muchas veces los traductores añaden palabras o incluso líneas de cosecha propia.

---

17. *L'Entrée ouverte au palais fermé du roy*, Irenée Philalethe, Ed. RETZ, París. 1976.

Notablemente, el traductor de la *Bibliothèque des Philosophes Chimiques*, que es presumiblemente J. M. de Richebourg (utiliza las siglas de J. M. D. R.), traduce al mismo tiempo que explica e interpreta el texto de Filaleteo. «Cuyo corazón o centro es un fuego puro» del original se convierte en: «Cuyo corazón o centro es un fuego puro, es nuestro Mercurio, Oro solar, azufre y tintura del Sol, Oro filosófico y germen del oro vulgar» (I-II).

Otro pasaje considerablemente enriquecido por este traductor tan discreto aparece en el capítulo XX del *Introitus*: «Entonces se hace nuestro Caos, a partir del cual, por mandato de Dios, nacerán todos los milagros del mundo, en el orden que les es propio», que se convierte en: «Propio, pues es el laberinto de las siete puertas, la hidra de las siete cabezas, la fuente de siete metales, el éter de los siete dones de sabiduría y de luz, el Globo de siete espíritus que influyen vida, el hogar de las siete iluminaciones o sublimaciones, la linterna mágica de las siete operaciones naturales, la Caja de los siete auríficos perfumes olorosos y saludables, y el habitáculo de todos los tesoros celestes en nuestro microcosmos».

Notemos que todo este añadido no está ni en la edición de Teófilo ni en las de Langius y Cooper. Por su parte, Teófilo, temeroso quizá de las hogueras inquisitoriales, pasa por alto algunos pasajes incómodos o los disfraza a fin de no llamar la atención de los rígidos censores. Cuando Filaleteo habla de Elías[18] o de Israel,[19] nuestro traductor se las arregla para que estas palabras tan sospechosas de judaizan-

---

18. Véase *Introitus* XIII-XXVIII y XXXIII y cap. XIX-XVI.
19. Véase *Introitus* XIII-XXXI, XXXII y XXXV.

te no aparezcan en la traducción. De todos modos, en el capítulo XIII puede darse el gustazo de traducir la palabra *israelitas*, ya que en el párrafo XXX se utiliza de un modo despectivo. Tampoco pierde ninguna oportunidad para ofrecernos su propia ciencia cuando en lugar de Sol y Luna, traduce Oro y Plata, o cuando en el capítulo II en lugar del caos, a secas, nos ofrece un «*Chaos*, o confusión de diversas cosas». En el mismo capítulo, *caduceus* se convierte para el lector castellano en «caduceo o la Vara del Embajador de Paz». Pese a estos alardes de Teófilo, sin embargo, humil de y sincero al declararse «no adepto, sino apto escrutador del Arte», hemos creído que una nueva traducción, más literal, más pobre en aportaciones personales por parte del traductor, pero más conforme a la latina, era necesaria en nuestro idioma. Si en algún momento hemos considerado oportuno poner algo de nuestra parte, alguna aclaración, nota de traducción o paralelismo con otros textos, lo hemos hecho mediante las notas a pie de página, señalando las variantes en la traducción al final de cada capítulo.

Tales notas podrían multiplicarse, pero nos hemos limitado a poner las que hemos considerado necesarias, casi imprescindibles para el lector, muchas veces poco familiarizado con este tipo de textos. En cuanto a nuestra traducción, hemos respetado al máximo la literalidad del texto, algunas veces incluso en detrimento de la fluidez del castellano.

El *Introitus* ocupa un lugar especial entre las obras atribuidas a Ireneo Filaleteo. Es donde pueden entreverse más datos acerca del autor y es en la única donde se nos desvela el hombre al mismo tiempo que el Adepto. Siendo la mayoría del resto de sus obras apreciaciones y comentarios sobre otros autores, podemos considerar que el *Introitus* es la obra de Ireneo Filaleteo por excelencia. El medio para fabricar el Gran Secreto de la Filosofía Hermética, el fin último de la Alquimia, que es la Piedra Filosofal, susceptible de ser utilizada como Medicina Universal tanto para el hombre como para los animales, vegetales y minerales,[20] es la gran enseñanza del *Introitus*. Ésta era la medicina que buscaban los famosos «Hermanos de la Rosa Cruz» del siglo XVII. No podemos aventurarnos a decir que Filaleteo perteneció a esta cofradía secreta,[21] pero los paralelismos observables entre las enseñanzas de los verdaderos Rosacruces y el *Introitus* son muchos. Paracelso, el gran Alquimista alemán del siglo XVI, en su *Libri duo. Unus de Mercuriis Metallorum, alter de Quintis Essentiis*, (Colonia, 1582), escribía en el capítulo VIII:

---

20. Véase *Introitus* III-III y XI-XIV.

21. Otro personaje contemporáneo de Filaleteo con el que se cree que nuestro autor estuvo en contacto, Gottfried Wilhelm Leibniz (1646-1716), miembro también de la Royal Society, se afilió en el año 1666 a la secta alquímica de los Rosa-Cruces de Nuremberg. Leibniz se entrevistó en 1673 en Londres con Boyle y otros miembros de la Royal Society, y mantuvo correspondencia con Clarke, el amigo de Newton. Una de las obras más importantes de Leibniz, los *Nuevos ensayos sobre el entendimiento humano*, que no llegó a editarse hasta cincuenta años después de la muerte de su autor, se presenta curiosamente como un diálogo imaginario entre un tal Teófilo y un tal Filaleteo que, para los estudiosos modernos, no son sino el mismo Leibniz y Locke (1632-1704), el autor del *Ensayo sobre la inteligencia humana*. En su obra, Leibniz cita a Boyle, a Newton, a Raimundo Lulio, a Virgilio, a Van Helmont y a Robert Fludd. El protagonista Filaleteo declara haber estado en Londres y en Ámsterdam antes de haber atravesado el mar, lo que coincide con el autor del *Introitus*.

Quod utilis Deus putefieri sinet, quod autem majoris momenti est, vulgo adhuc usque ad Eliae Artistae adventum, quando is venit...

«A propósito de eso, Dios permitirá que se haga un descubrimiento beneficioso de la mayor importancia, escondido todavía del vulgo, hasta el advenimiento de Elías Artista, cuando el venga...».

Algunos autores Rosacruces, como por ejemplo Juan Valentín Andreae,[22] se refieren también a este misterioso Elías Artista, del que Filaleteo desea que su libro sea el precursor,[23] aunque en el mismo capítulo declara que Elías Artista ya ha nacido. Sabemos, por el *Sepher Ha Zohar*,[24] que Elías es el ángel que desciende del cielo del que los *kabbalistas* reciben las revelaciones. En el judaísmo rabínico, Elías es el guardián de la tradición sagrada. Hasta ahora nadie ha señalado la posibilidad de que Filaleteo conociera el *Zohar* o los libros de los *kabbalistas,* pero al final del párrafo XV del capítulo XIX del *Introitus*, nuestro autor escribe que «Dios no estaba en el fuego ni en el viento, pero su voz llamó a Elías», probablemente tomado del libro de los Reyes, del que existe un curioso comentario en el *Zohar.* No sabemos a ciencia cierta si nuestro autor conocía la literatura *kabbalística* como podían conocerla

---

22. Juan Valentín Andreae es el autor de *Las bodas alquímicas de Christian Rosacruz*, verdadera biblia de los Rosacruces, Ediciones Obelisco, Barcelona, 2004.
23. Véase *Introitus* XIII-XXXIII.
24. Véase *Zohar* (II-197a), vol. XVI de nuestra edición, Ediciones Obelisco. Barcelona, 2013.

otros Alquimistas, como, por ejemplo, Eugenio Filaleteo o Blaise de Vigenère, pero tenemos que admitir que sus conocimientos de la Biblia son notables, refiriéndose a ella con frecuencia.

Filaleteo, que declara abiertamente ser un Adepto (pról. -I; cap. I-I; XIII-XXXIII), podría citar en su libro a «todos los Filósofos», lo que prueba un conocimiento profundo y extenso de los demás autores, aunque, como él mismo escribe, no tiene necesidad de testigos. A pesar de ello, ya en este primer capítulo cita a Geber (I-III), y las referencias a otros Filósofos son abundantes a lo largo del libro, donde vemos que nuestro autor conoce perfectamente a Hermes (VIII-II; XI-II y XVIII-VIII), a Morien (VIII-III), a Bernardo el Trevisano (VI-III; XXIV-I,V y XXV-III), al Cosmopolita (III-I y VI-II), que alguna vez cita como Sendivogius (XIII-XIV), a Artefius (XIX-IX), a Ripley (XIX-IX, XVII y XXXII-I), a Flamel (XIX-IX, X e, indirectamente, II-III), a Augurelius (XVIII-III) e incluso a Jean d'Espagnet (VIII-III y X-II), entre otros.

Si las concepciones y teorías que expone el *Introitus*, aparte de las citas que acabamos de ver, se encuentran también en otros autores, no podemos hablar de influencias externas propiamente dichas, como podría ocurrir en otro tipo de obras. Esta conformidad de teorías y símbolos servirá para hacernos ver que los verdaderos Filósofos están siempre de acuerdo. Se apoyan todos en una misma experiencia. Como dijimos, hemos señalado las correspondencias más notables por medio de notas al pie de página, de modo que el lector interesado en profundizarlas pueda dirigirse a otros textos. Algunas de las referencias más claras a la Biblia están también señaladas, y el lector que se tome la molestia de consultar el contexto bíblico de estas citas obtendrá una mayor comprensión de *La entrada abierta al palacio cerrado del rey*.

JULI PERADEJORDI
PRUDENCI REGÜANT

PRÓLOGO DEL AUTOR

I

Habiendo alcanzado yo,[25] Filaleteo, Filósofo anónimo, los arcanos de la Medicina, de la Química y de la Física, he decidido componer este pequeño tratado en el año 1645 de la redención del mundo y el trigésimo tercero de mi edad, a fin de pagar lo que debo a los hijos del Arte y para tender la mano a aquellos que se han extraviado en el laberinto del error, para que los Adeptos me vean como su par y su hermano; en cuanto a aquellos que han sido seducidos por los vanos discursos de los sofistas, reconozcan y sigan la luz, gracias a la cual regresarán sin peligro. Presagio, en verdad, que no pocos serán alumbrados por mis trabajos.

II

No son en modo alguno fábulas, sino experiencias reales que he visto, hecho y conocido: el Adepto lo inferirá fácilmente leyendo estas páginas, por ello, escribiéndolas para

---

25. *Adepto me,* de *adipiscor*: «alcanzar», «obtener». También podría traducirse, como de hecho hace Lenglet du Fresnoy, por «Yo, que soy un Adepto».

el bien del prójimo, me basta con declarar que nadie ha hablado de este Arte tan claramente como yo; ciertamente, mi pluma ha dudado a menudo en escribirlo todo, deseoso que estaba por esconder la verdad bajo la máscara de la envidia.[26] Pero Dios, sólo él conoce los corazones, me obligaba y no he podido resistirle; sólo a él sea la gloria en los siglos. Por lo que concluyo que, indudablemente, muchos en esta última edad del mundo tendrán la dicha de poseer este secreto; pues he escrito lealmente, no dejando al estudioso principiante ninguna duda por satisfacer plenamente.

III

Y sé ya que muchos, como yo, poseen este secreto, y estoy persuadido de que hay muchos otros más, con los que próximamente entraré, por así decirlo, en una familiar y cotidiana comunicación. Que la santa voluntad de Dios haga lo que le plazca, me reconozco indigno de operar estas cosas tan admirables:[27][*a] sin embargo, adoro en ello a la santa voluntad de DIOS, a la que deben estar sometidas todas las criaturas, pues es en función de él solamente que las creó y las mantiene creadas.

---

26. *Invidiae larva*: «máscara de la envidia» o «espíritu de la envidia».

27.[*a] «Aunque me reconozco indigno de ser yo por quien se ejecutan estas providencias». (Teófilo)

«Confieso que soy indigno de que se sirvan de mí para hacer tales cosas». (B. Ph. Ch.)

I

DE LA NECESIDAD DEL MERCURIO DE LOS SABIOS PARA LA OBRA DEL ELIXIR

I

Quienquiera que desee poseer este Toisón de Oro,[28] debe saber que nuestro polvo aurífico, al que llamamos nuestra piedra, es el oro, sólo que digerido[29] hasta el más alto grado de pureza y de fijación sutil a que pueda ser llevado, tanto por la naturaleza como por la sagacidad del Arte. Convertido en esencia, este oro ya no es del vulgo, lo llamamos nuestro Oro; es el grado supremo de perfección de la naturaleza y del Arte. Podría, a este respecto, citar a todos los Filósofos, pero no tengo necesidad de testigos, pues yo mismo soy un Adepto y escribo con más claridad que ninguno hasta ahora.

---

28. Para los Filósofos Herméticos, el Toisón de Oro es el símbolo de la materia de la Gran Obra, así como el de su resultado, que es el Polvo de Proyección y la Medicina Universal. Notemos que Medea utilizó este toisón para rejuvenecer a Esón, padre de Jasón, su amante.

29. *Digestum*, de *digero*: «dividir», «separar», «digerir». Según Dom Pernety, casi todas las operaciones de la Gran Obra se reducen a la digestión, que los Filósofos han llamado con diferentes nombres según lo que han observado que sucede en el vaso durante el transcurso de la Obra.

Que me crea aquél que quiera, que me desapruebe aquél que pueda, que se me censure incluso, si alguien lo desea: sólo se irá a parar a una profunda ignorancia. Los espíritus demasiado sutiles, declaro, sueñan quimeras, pero el diligente hallará la verdad siguiendo la vía simple de la naturaleza.

II

El oro es pues el único y verdadero principio a partir del cual puede producirse Oro. Sin embargo, nuestro Oro, que es necesario para nuestra obra, es de dos clases.[30] Uno, fijo, llevado a la madurez, que es el Latón rojo,[31] cuyo corazón o centro es un fuego puro.[32*a] Por ello su cuerpo se defiende en el fuego, en el que recibe su purificación, sin ceder nada a la violencia de aquél o sin sufrir por ello. Este oro, en nuestra obra, hace el papel de macho. Se le une nuestro oro blanco, más crudo (que es nuestro segundo oro, más crudo) en cierto modo como simiente femenina, con el que se

---

30. *Aurum nostrum duplex*: «nuestro oro es doble». Los Alquimistas decían que su materia era doble y la llamaban *Rebis*, recibiendo este nombre, según Pernety, por estar compuesta de dos cosas, un macho y una hembra, o sea, un disolvente y un cuerpo soluble, aunque no sean en el fondo más que una misma cosa y una misma materia.

31. *Flavum*: «amarillo», «dorado», «rojizo»; es traducido por Lenglet du Fresnoy por «rojo». Hemos respetado su traducción porque en los textos de Alquimia es corriente la expresión «Latón rojo», mientras que «Latón amarillo» no aparece en ningún tratado. Otro de los nombres dados al Latón rojo es el de Salamandra, animal mitológico y fantástico que vivía en el fuego y se alimentaba de él.

32.*a «(…) puro; es nuestro Mercurio, Oro solar, azufre y tintura del Sol, Oro filosófico y germen del oro vulgar». (B. Ph. Ch.)

26

une y en el que deposita su esperma. Se unen (*coit*) el uno con el otro en un lazo indisoluble[33*b] en el que se forma nuestro Hermafrodita, que tiene el poder de ambos sexos. Así el oro corporal está muerto antes de ser unido a su novia, con la que el azufre coagulante, que en el oro es exterior (*extraversum*), se invierte. Entonces se esconde la grandeza (*altitudo*) y se manifiesta la profundidad. Así, el fijo se hace volátil por un tiempo a fin de poseer un estado más noble por su herencia, gracias al que obtendrá una fijeza muy poderosa.

III

Así pues, se ve que todo el secreto consiste en el Mercurio, del cual el Filósofo dice: «En el Mercurio se encuentra todo lo que buscan los Sabios». Respecto a ello, Geber declara: «Alabado sea el Altísimo, que ha creado a nuestro Mercurio y que le ha dado una naturaleza que lo sobrepasa todo».[34] Ciertamente, en efecto, si éste no existiera, los Alquimistas no podrían glorificarse, y la Obra Alquímica sería vana. Está claro, por consiguiente, que este Mercurio no es el vulgar, sino el de los Sabios. Pues todo Mercurio vulgar es macho, o sea corpóreo, especificado y muer-

---

33.*b «(…) indisoluble, y este oro blanco es el oro vulgar indigesto y que quiere ser cocido, madurado y perfeccionado con nuestro Oro, su principio y fuego de naturaleza». (B. Ph. Ch.)

34. *Cuncta superantem* de *supero*: «sobrepasar», «superar», pero también «estar más alto» y «ser más abundante», denota la naturaleza espiritual de este Mercurio.

to, mientras que el nuestro es espiritual, femenino, vivo y vivificante.[35*c]

IV

Prestad pues atención a todo lo que diré a propósito del Mercurio, porque, según el Filósofo, «nuestro Mercurio es la sal de los Sabios, sin la que, quienquiera que deseara operar, sería como un arquero que disparase flechas sin cuerda». Y, sin embargo, no se le puede encontrar en ningún lugar sobre la tierra. No obstante, el hijo es formado por nosotros, no creándolo, sino extrayéndolo de las cosas que lo encierran, con la cooperación de la naturaleza, de un modo admirable, por un arte muy sagaz.

35.[*c] «(…) vivificante, que es como andrógino, hace la función de macho sobre el Oro en su lugar conyugal, como el alma sobre el espíritu». (B. Ph. Ch.)

II

DE LOS PRINCIPIOS QUE COMPONEN
AL MERCURIO DE LOS SABIOS

I

La intención de aquellos que se aplican en este arte es purgar el Mercurio de diferentes maneras: unos los subliman añadiéndole sales y lo purgan de diversas impurezas, otros lo vivifican únicamente por sí mismo y afirman, con la repetición de estas operaciones, haber fabricado el Mercurio de los Filósofos; pero se equivocan, pues no operan en la naturaleza, que sólo es mejorada en su naturaleza. Que sepan que nuestra agua compuesta de numerosas substancias es, sin embargo, una cosa única, hecha de diversas substancias coaguladas a partir de una única esencia. Esto es lo que se requiere para la preparación de nuestra agua (en nuestra agua, en efecto, se encuentra nuestro dragón ígneo); en primer lugar, el fuego que se encuentra en todo;[36] en segundo lugar, el licor de la Saturnia vegetal; en tercer lugar, el vínculo del Mercurio.

---

36. *Omnium*: «todo»; podría referirse a todas las cosas e incluso a todos los metales.

II

El fuego es de un azufre mineral, sin embargo, no es propiamente mineral y menos aún metálico, está entre el mineral y el metal, sin participar en ninguna de estas dos substancias.[37*a] Caos o espíritu, en efecto, nuestro dragón ígneo que lo vence todo, es sin embargo penetrado por el olor de la Saturnia vegetal, y su sangre se coagula con el jugo de la Saturnia en un solo cuerpo admirable; y no es sin embargo un cuerpo, pues es totalmente volátil; ni un espíritu, porque en el fuego parece metal fundido. Es, pues, un caos que hace de madre al resto de los metales, pues se extrae de él todas las cosas, incluso el Sol y la Luna, sin emplear el Elixir Transmutatorio, lo que puede ser atestiguado por aquél que, como yo, lo ha visto.

Llamamos a este Caos nuestro arsénico, nuestro aire, nuestra Luna, nuestro imán, nuestro acero, pero siempre bajo aspectos diferentes, porque nuestra materia pasa por varios estados antes de que del menstruo de nuestra meretriz sea extraída la Diadema Real.

III

Aprended pues quiénes son los compañeros de Cadmo,[38] cuál es la serpiente que los devoró y cuál es esta encina hue-

---

37.*a «No es ni uno ni el otro, pero participa en las dos». (B. Ph. Ch.)
    «Ni uno ni otro, y participa en ambos». (Teófilo)

38. Un párrafo parecido a éste se encuentra en el *Libro de las figuras jeroglíficas* de Nicolás Flamel, al final del capítulo III. (En *Trois traictez de la Philosophie naturelle*, a París, MDCXII, pág. 68 y 69). Véase nuestra edición, Rubí, 2022.

ca donde Cadmo traspasó[39] a esta serpiente. Sabed quiénes son las palomas de Diana, que venció al león cautivándolo;[40] este león verde que es realmente el dragón babilonio que todo lo mata con su veneno. Sabed, finalmente, lo que es el Caduceo de Mercurio, con el que opera maravillas, y quiénes son estas ninfas a las que instruye[41] encantándolas, si queréis alcanzar el objeto de vuestros deseos.

---

39. *Transfixit,* de *transfigo*: «traspasar», «atravesar»; contiene en latín la noción de fijar, al mismo tiempo que la de atravesar. Teófilo traduce esta frase por «(...) Cadmo volvió fija la serpiente».

40. *Mulcendo,* de *mulceo*: «cautivar», pero también «dulcificar», «aplacar», «apaciguar».

41. *Inficere,* de *inficio*: «instruir», pero también «teñir», «impregnar» e «infectar».

III

DEL ACERO DE LOS SABIOS

I

Los Sabios Magos han transmitido a sus sucesores numerosas enseñanzas a propósito de su Acero, y le atribuyeron un valor considerable. Por ello, entre los Alquimistas, ha habido numerosas disputas para saber qué tenía que entenderse por el nombre de Acero. Cada uno de ellos lo ha interpretado a su manera. El autor de la *Nueva Luz*[42] ha escrito a cerca de él de una manera sencilla, aunque oscura.

II

Yo, para no ocultar nada por envidia a los inquisidores del Arte, lo describiré sinceramente. Nuestro Acero es la verdadera llave de nuestra obra, sin la cual no puede ser encendido el fuego de la lámpara por ningún artificio: en la mina del oro; el espíritu muy puro entre todos es el fuego infernal, secreto, extremadamente volátil en su género, el

---

42. Véase El Cosmopolita, *Novum Lumen Chemicum, Tractatus Naturae.* Cap. IX y *Epilogus.*

milagro del mundo, el fundamento de las virtudes superiores en las inferiores, por lo cual el Todopoderoso lo ha señalado con este signo notable por el cual la natividad fue anunciada por Oriente (*per Orientem annunciatur*).[43*a] Los Sabios lo vieron en Oriente y se quedaron estupefactos; y, sin retroceder, reconocieron que un Rey purísimo había nacido en el mundo.

III

Tú, cuando divises su estrella, síguela hasta su Cuna: allí verás a un bello niño. Separando las inmundicias, honra a este retoño real, abre el tesoro, ofrécele dones de oro y, después de la muerte, te dará su carne y su sangre, medicina suprema para los tres reinos de la tierra.[44*b]

43.[*a] «(…) notable, cuyo nacimiento se anuncia por el Oriente Filosófico en el horizonte de su esfera microcósmica. Los sabios lo han visto en su tierra de vida y de sapiencia, lo cual es el Oriente de todo ser animado, y se quedaron maravillados; reconocieron al instante que un rey serenísimo había nacido en el mundo». (B. Ph. Ch.)

«(…) una señal muy de notar; cuyo nacimiento se anuncia por el Oriente Filosófico en el horizonte de su media Esfera. Los sabios filosóficosvieron en ella a la Aurora, y se admiraron; y al instante conocieron que había nacido en el mundo un Rey serenísimo». (Teófilo)

44.[*b] «(…) te dará su esencia exaltada, que es la suma Medicina en los tres Reinos».

IV

DEL IMÁN DE LOS SABIOS

I

Así como el acero es atraído hacia el imán, y que el imán se vuelve espontáneamente hacia el acero, así el Imán de los Sabios atrae a su Acero. Por ello, siendo el Acero la mina del oro, del mismo modo, nuestro Imán es la verdadera mina de nuestro Acero.

II

Notifico, por otra parte, que nuestro Imán tiene un centro oculto, donde abunda la sal, que es un menstruo en la esfera de la Luna, que renueva al oro al calcinarlo.[45*a] Este centro se vuelve espontáneamente hacia el polo, en el que la virtud de Acero es exaltada por grados. En el polo está el

---

45.*a «(…) que puede calcinar al Oro. Este centro, por una inclinación que le viene del Arqueo, se vuelve hacia el Polo, donde la virtud del acero se eleva en grados. (B. Ph. Ch.)

«(…) que puede calmar al Oro. Este centro se vuelve, con el *apetitio arquetipico* (o del metal de su naturaleza), al Polo (o eje del Cielo) en el que esta con muchos grados exaltada la virtud del acero». (Teófilo)

corazón de Mercurio, que es un verdadero fuego en el que reposa su Señor. Navegando por este gran mar,[46*b] para alcanzar una y otra Indias,[47] gobierna su curso por la presencia (*per aspectum*) de la estrella del norte, que te hará aparecer a nuestro Imán.

III

El Sabio se alegrará, pero el necio hará poco caso de ello y no se instruirá en la sabiduría, aunque haya visto al polo central vuelto hacia el exterior (*extraversum*) y marcado con un signo notable del Todopoderoso. Son tan obstinados[48] que, aunque vieran estas maravillas, no abandonarían sus sofismas ni entrarían en el camino recto.

46.*b «El que vaya por este gran mar, debe abordar a una y otra Indias y gobernar su curso por...». (B. Ph. Ch.)

«(...) Señor: navegando por este mar; y para llegar a ambas Indias, dirige o encamina su carrera por...». (Teófilo)

47. A propósito de las dos Indias, el lector se dirigirá con provecho al canon LVI del *Arcanum Hermeticae Philosophiae Opus* de Jean d'Espagnet.

48. Literalmente: «Sus cabezas son tan duras». Se refiere a los necios.

V

EL CAOS DE LOS SABIOS

I

Que el hijo de los Filósofos escuche a los Sabios que unánimemente concluyen que esta obra debe ser comparada a la Creación del Universo.[49] Pues, en el principio, Dios creó el cielo y la tierra, y la tierra estaba desocupada y vacía y las tinieblas estaban sobre la faz del abismo y el espíritu de Dios era llevado sobre la faz de las aguas, y dijo Dios: «Que sea la luz», y la luz fue.[50]

II

Estas palabras serán suficientes para los hijos del Arte. En efecto, es preciso que el cielo sea unido (*conjungi*) con la tierra encima del lecho nupcial (*thronum amiticiae ac amoris*). Así reinará con honor sobre la vida universal.[51] La tie-

---

49. Véase el extraordinario paralelismo con el canon LXXIII de la *Arcanum Hermeticae Philosophiae Opus* de Jean d'Espagnet: «La generación de la Piedra se hace al ejemplo de la creación del mundo...».

50. Véase Génesis 1, 1- 4.

51. *Per universam vitam*: puede traducirse también «Por (a través de) la vida universal». Teófilo lo traduce como «toda su vida».

rra es un cuerpo pesado, matriz de los minerales, a los que conserva secretamente en sí misma, aunque llevando hacia la luz a los árboles y a los animales. El cielo es allí donde las grandes luminarias, junto con los astros, ejecutan sus revoluciones y comunican a través de los aires sus fuerzas a los seres inferiores; pero en el principio todos los cuerpos confundidos formaban el caos.

III

He aquí que de manera clara os descubro santamente la verdad: en efecto, nuestro Caos es como una tierra mineral respecto a su coagulación, y es, no obstante, un aire volátil, en el interior del cual se encuentra el Cielo de los Filósofos en su centro, que es verdaderamente astral, irradiando su esplendor (*iubare*) hasta la superficie de la tierra. Y, ¿quién es el Mago lo suficientemente sabio como para inferir que ha nacido un nuevo Rey, más poderoso que todos los otros, que redimirá a sus hermanos de la impureza original, que debe morir y ser exaltado a fin de que dé su carne y su sangre para la vida del mundo?

IV

¡Oh Dios lleno de bondad! ¡Qué admirables son tus obras! Han sido hechas por ti y es un milagro que aparece ante nuestros ojos. Te doy gracias, Padre, Señor del cielo y de la tierra, por haber escondido estas maravillas a los sabios y a los prudentes para revelarlas a los niños pequeños.[52, 53*a]

---

52. Véase Mt 11, 25 y Luc 10, 21.
53.*a«(…) pequeños, limpios de corazón, tus verdaderos Sabios». (B. Ph. Ch.)

VI

EL AIRE DE LOS SABIOS

I

La *extensión* o el *firmamento* son llamados AIRE en las Sagradas Escrituras. Nuestro Caos es también llamado *Aire,* y en esto hay un notable secreto ya que, del mismo modo que el aire firmamental es el separador de las aguas, el nuestro lo es igualmente.

Nuestra obra es pues, verdaderamente, un sistema armónico del mundo mayor.[54] En efecto, las aguas que están debajo del firmamento nos son visibles a nosotros que vivimos encima de la tierra; pero las aguas superiores escapan a nuestra vista a causa de su alejamiento. Del mismo modo, en nuestro microcosmos, hay aguas minerales salidas del centro que se manifiestan, pero aquellas que están encerradas en el interior, escapan a nuestra vista y, sin embargo, existen en realidad.

---

54. Cuando hablan del «mundo mayor» (*majoris mundi*), los Filósofos se refieren al macrocosmos, por ello Filaleteo, pocas líneas más adelante, nos hablará, por oposición, de microcosmos.

II

Son las aguas de las que habla el autor de la *Nueva Luz:*[55] existen, pero no aparecen mientras no le place al Artista. Así, del mismo modo que el aire hace una separación entre las aguas, así nuestro aire impide la entrada de las aguas *excentrales* hasta aquellas que están en el centro. Pues si entraran allí y se mezclaran, quedarían unidas por una unión indisoluble.

III

Os diré, pues, que el azufre externo, vaporoso, se adhiere con tenacidad cuando está caliente a nuestro caos, que no puede resistir su tiranía, aunque, puro, huye volando del fuego bajo la apariencia de un polvo seco. Si sabes regar esta tierra árida con un agua de su misma naturaleza, ensancharás sus poros y este ladrón externo será arrojado fuera junto con los operadores de la corrupción; el agua será purgada por la adición de un verdadero azufre, de sus leprosas inmundicias y del humor hidrópico superfluo, y poseerás la fuente del conde Trevisano,[56] cuyas aguas están particularmente dedicadas a la virgen Diana.

---

55. Véase «*Traicté de la Nature, Parabole ou Énigme Philosophique*», en la *Novum Lumen Chymicum.*
56. Véase Bernard Le Trevisan, *Le Livre de la Philosophie Naturelle des Metaux,* en la cuarta parte «*Où est mise la pratique en paroles paraboliques*», en la *Bibliothèque des Philosophes Chimiques* de Salmon.

IV

Este ladrón está armado de una malignidad arsenical inútil que el joven alado[57] aborrece y huye. Y aunque el agua central sea su novia, no osa, sin embargo, manifestar el amor tan ardiente que siente por ella a causa de las asechanzas del ladrón, cuyas astucias son casi inevitables. Que Diana te sea propicia aquí, ella que sabe domar a las fieras salvajes y cuyas dos palomas (que fueron encontradas volando sin alas en los bosques de la ninfa Venus) templarán con sus plumas la malignidad del aire; porque el joven entra fácilmente a través de los poros, sacude inmediatamente las aguas polares superiores, que no han sido paralizadas (*stupefactas*) por los malos olores y suscita una nube sombría: agitarás las aguas hasta que aparezca la blancura de la Luna, y de este modo las tinieblas, que estaban sobre la faz del abismo, serán disipadas por el espíritu que se mueve en las aguas.

V

Así, por orden de Dios, aparecerá la luz. Separa siete veces la luz de las tinieblas y esta Creación Filosófica del Mercurio estará acabada; y el séptimo día será para ti el *Shabbat* de reposo; desde este momento hasta el final de la revolución del año, podrás esperar la generación del hijo del Sol

---

57. Se trata de Mercurio, la B. Ph. Ch. traduce «Mercurio» en vez del «joven alado»; hemos preferido ser literales en nuestra traducción, aunque somos conscientes de que para el lector de la época «joven alado» y «Mercurio» significaban en realidad lo mismo.

sobrenatural, que vendrá al mundo cerca del final de los siglos, para liberar a sus hermanos de toda impureza.[58]

---

58. Véase *Introitus,* V-III; y *El Mensaje Reencontrado,* libro XVIII, vers. 68: «Nuestra Virgen ha concebido bajo las miradas del Altísimo, y nos ha dado un hijo que ha vencido a la muerte y que perfeccionará a todos sus hermanos lisiados».

VII

DE LA PRIMERA OPERACIÓN DE LA PREPARACIÓN DEL MERCURIO DE LOS FILÓSOFOS POR LAS ÁGUILAS VOLADORAS

I

Has de saber, hermano mío, que la preparación exacta de las Águilas de los Filósofos es el primer grado de la perfección, para cuyo conocimiento se requiere un temperamento apropiado. No creas que, en efecto, esta ciencia haya llegado a ninguno de nosotros por casualidad o por una imaginación fortuita, como lo cree estúpidamente el vulgo ignorante; alcanzar la verdad nos ha costado un trabajo largo y pesado, hemos pasado muchas noches sin dormir, muchos sudores y penas. Por eso tú, estudioso principiante, has de saber con certeza que, sin esfuerzo y sin trabajo, no llevarás a cabo nada ni podrás operar al principio. Aunque luego[59] es la naturaleza quien hace sola el trabajo, sin

---

59. Al principio (*primo*) y luego (*segundo*) podrían referirse a la primera y a la segunda operación. La mayoría de Filósofos coinciden en que si la primera es un «trabajo de Hércules», la segunda es como «un trabajo de mujeres y un juego de niños». Véase el párrafo VII de este mismo capítulo. Teófilo, que acostumbra a interpretar cuando traduce, escribe «primera y segunda operación».

que tengas que poner la mano, si no es para aplicar exteriormente un fuego moderado.

II

Comprende pues, hermano, lo que dicen los Sabios cuando escriben que deben conducir a sus Águilas a devorar al león; cuantas menos Águilas hay, más ruda es la batalla e igualmente tardía la victoria. Pero la operación se presta a ejecutarse perfectamente con un número de siete o nueve Águilas. El Mercurio filosófico es el pájaro de Hermes, ora llamado ansar,[60] ora faisán, ora esto, ora lo otro.

III

Donde los Magos hablan sinceramente de sus Águilas, hablan en plural y cuentan entre tres y diez de ellas. No quieren sin embargo entender con ello que tenga que unirse a un peso dado de tierra tantas medidas como Águilas dicen,[61*a] pero sus palabras deben interpretarse como hablando del peso interno o de la fuerza del fuego; o sea que hay que tomar agua tantas veces como Águilas cuentan y esta

---

60. El ansar es, según Plinio, un pájaro de la familia de los *anatidae,* cuyas plumas se empleaban para escribir.

61.*a «Medidas de agua, porque verdaderamente también del intrínseco peso es menester interpretar sus dichos: a saber, que se ha de tomar su agua tantas veces aguzada (o afilada) cuantas ellos nombran Águilas. Lo cual hace por sublimación». (Teófilo)

aguación[62] se hace por sublimación. Por consiguiente, una sublimación del Mercurio de los Filósofos corresponde a un Águila y la séptima sublimación exaltará a tu Mercurio hasta hacértelo muy conveniente para el baño del Rey.

IV

Así, para desatar esta dificultad, lee con atención lo que sigue: toma cuatro partes de nuestro dragón ígneo[63] que esconde en su vientre el Acero mágico y nueve partes de nuestro Imán; mézclalas con la ayuda del tórrido Vulcano, en forma de agua mineral, donde flotará una espuma que debe ser apartada. Rechaza la cáscara y escoge el Núcleo, púrgalo tres veces por el fuego y la sal, lo que se hará fácilmente si Saturno ha reconocido su imagen en el espejo de Marte.

V

De ello nacerá el Camaleón, o sea nuestro Caos, donde están ocultos todos los secretos, no en acto, sino en potencia. Este es el niño Hermafrodita, que ha sido envenenado desde la cuna por la mordedura del rabioso perro de Jorasán, por lo cual una hidrofobia perpetua o miedo al agua lo ha vuelto necio e insano. Aunque el agua es el elemento

---

62. *Acuatio*, operación de verter agua. Corresponde a una purificación de la materia que la hace más sublime.
63. Comparar con los cánones CIX y CXX del *Arcanum Hermeticae Philosophiae Opus* de Jean d'Espagnet. *Op. cit.*

natural que está más cerca de él, le tiene horror y huye de ella. ¡Oh Destinos!

VI

Con todo eso, se encuentran en el bosque de Diana dos palomas[64] que suavizan[65] su rabia insensata (si son aplicadas con el arte de la ninfa Venus). Entonces, para impedir que vuelva a padecer esta hidrofobia, sumérgelo en las aguas, donde perecerá. Entonces, el *perro negruzco enrabiado*, incapaz de soportar las aguas, subirá sofocado hasta la superficie; apártalo lejos, provocando su fuga mediante lluvia y golpes: así desaparecerán las tinieblas.

VII

Brillando la Luna en su plenilunio, dale alas al Águila, que volará dejando muertas tras ella a las palomas de Diana que, si no son muertas en el primer encuentro,[66*b] no sirven para nada. Reitera esto siete veces y, finalmente, hallarás el reposo, no teniendo simplemente más que cocer, lo que es la tranquilidad más sosegada o un juego de niños y un trabajo de mujeres.

---

64. Filaleteo cita probablemente aquí a Virgilio (*Eneida* VI-190), aunque Jean d'Espagnet en su canon XV de *Arcanum Hermeticae Philosophiae Opus* habla también de estas palomas.

65. *Mulcent*, de *mulceo*: «suavizar», «aplacar», «apaciguar», pero también «cautivar» y «encantar».

66.*b «(…) que si mueren en el primer encuentro», (Teófilo y B. Ph. Ch.) en lugar de «si no mueren».

VIII

DEL TRABAJO Y DEL FASTIDIO DE LA PRIMERA OPERACIÓN

I

Algunos químicos ignorantes se imaginan que toda nuestra obra, desde el principio hasta el final, no es más que pura recreación, donde sólo hay placer, y que las dificultades residen verdaderamente fuera de este trabajo; pues bien, que disfruten impunemente con su opinión. En la obra, que tan fácil estiman, gracias a sus ociosas operaciones, cosecharán frutos absolutamente vacíos. En cuanto a mí, sé que después de la bendición divina y un buen principio, las primeras cosas no pueden obtenerse más que con trabajo, ingeniosidad y asiduidad.

II

Y ciertamente no hay trabajo tan fácil que pueda considerarse como un juego o una recreación y que conduzca al fin tan buscado.

Al contrario, como dice Hermes,[67] ninguna inspiración ni trabajo deben ahorrarse. De otro modo lo que el Sabio ha predicho en parábolas se verificará: a saber, que los deseos del perezoso lo harán perecer.[68] No es sorprendente que tanta gente que trabaja en la Alquimia sean reducidos a la pobreza, ya que huyen del trabajo, aunque no temen el gasto.

III

Pero nosotros que conocemos esto y que hemos trabajado, sabemos con certeza que ningún trabajo es más fastidioso que nuestra primera preparación. Por esto, Morien[69] advierte seriamente al rey Calid diciendo: «Muchos sabios se han lamentado del fastidio que causa esta operación. No quiero que se entienda esto en sentido figurado, puesto que no considero las cosas tal como aparecen en el comienzo de la obra sobrenatural, sino tal como las encontramos desde el principio». «Disponer con habilidad la materia», dice el poeta,[70] «He aquí el trabajo, la obra».

---

67. Filaleteo cita probablemente a los *Siete Capítulos de Hermes,* donde éste declara (cap. I) haber conocido esta ciencia «sólo por mi trabajo y la inspiración de Dios».

68. Véase Proverbios, 21, 25: «Los deseos matarán al haragán porque sus manos no quieren trabajar».

69. En el *Coloquio del rey Calid y del filósofo Morien sobre el magisterio de Hermes.* En la B. Ph. Ch. Tomo II, pág. 56 a 111. Filaleteo cita, desde luego, una versión más antigua.

70. Se trata de Jean Aurelle Augurel. Véase *Les trois livres de la Chrysopée,* a París, Chez Charles Hulpeau MDCXXVI. Libro II, pág. 68.

Y añade:[71*a] «Uno (Jasón), desde una cima conocida, te muestra el Toisón de Oro. El otro (Hércules), cuánto trabajo has de padecer para consumir esta impureza que está sobre la masa pesada y bruta». Esto es lo que ha hecho decir al célebre autor del *Secreto Hermético*,[72] que el primer trabajo es un trabajo de Hércules.

IV

Se encuentran, efectivamente, en nuestros principios muchas superfluidades heterogéneas imposibles de reducir a la pureza (la conveniente para nuestra obra) y que hay que purgar hasta el fondo, lo que es imposible de hacer si se ignora la Teoría de nuestros Secretos, mediante la cual enseñamos a extraer la Diadema Real del menstruo de la meretriz. Una vez conocido este medio, se requiere aún un gran trabajo, tanto que, como dice el Filósofo, varios abandonaron la obra inacabada a causa de las terribles dificultades.

71.*a Y añade: «Hércules te enseña por sus grandes trabajos lo difícil que es hacer lo que pretendes. Qué rudos trabajos y qué esfuerzo conlleva el preparar la masa y la impura materia». (B. Ph. Ch.)
Es curioso observar que Teófilo pasa por alto este párrafo, no traduciéndolo.

72. Para René Alleau, uno de los grandes especialistas actuales en el tema, se trata de Jean d'Espagnet, autor de la *Arcanum Hermeticae Philosophiae Opus*, a la que, como hemos visto, se refiere a menudo Filaleteo. No habiendo podido encontrar en esta obra el pasaje citado en el *Introitus* hemos pensado que podría tratarse de Michaelis Maieris, autor de un tratado llamado *Arcana arcanissima* (1614), donde se habla de los trabajos de Hércules desde el punto de vista hermético.

V

No creáis sin embargo que una mujer no pueda emprender esta obra, si la considera como un trabajo serio y no como un juego. Pero una vez preparado el Mercurio,[73*b] al que Bernardo Trevisano llama su fuente, se penetra al fin en el descanso, que es mucho más deseable que todos los trabajos, según dice el Filósofo.

73.*b «(...) preparado el Mercurio por la primera operación larga, enojosa y difícil, aunque natural, y que Bernardo Trevisano...». (B. Ph. Ch.)

IX

DE LA VIRTUD DE NUESTRO MERCURIO SOBRE TODOS LOS METALES

I

Nuestro Mercurio es aquella serpiente que devoró a los compañeros de Cadmo, lo que no debe extrañarnos, pues había devorado anteriormente al mismo Cadmo, que era más robusto que los otros. Sin embargo, al final, Cadmo la traspasará[74] cuando, gracias a la virtud de su azufre, la haya coagulado.

II

Has de saber que nuestro Mercurio domina a todos los cuerpos metálicos y puede resolverlos en su primera materia mercurial separando sus azufres. Has de saber también que el Mercurio de una, dos o tres Águilas impera sobre Saturno, Júpiter y Venus. De tres a siete Águilas, impera

---

74. Véase la nota 34 del capítulo II. Teófilo traduce aquí: «(…) la volverá fija congelándola con la virtud de su azufre».

sobre la Luna; finalmente, impera sobre el Sol de siete a diez Águilas.

III

Así os notifico que nuestro Mercurio está más próximo del primer ser de los metales que ningún otro Mercurio, por lo que penetra radicalmente en los cuerpos metálicos y manifiesta las profundidades escondidas de éstos.

X

DEL AZUFRE QUE SE ENCUENTRA EN EL MERCURIO FILOSÓFICO

I

Lo más admirable de todo es que en nuestro Mercurio se encuentra un azufre no sólo actual, sino también activo y verdadero que conserva, sin embargo, todas las proporciones y la forma del Mercurio. Es necesario que esta forma haya sido introducida en él por nuestra preparación: esta forma es un azufre metálico y este azufre es un fuego que corrompe[75] al Sol compuesto o dispuesto.[76*a]

---

75. *Putrefacit,* de *putrefacio:* «corromper», «hacer pudrir», parece referirse a una de las operaciones de la Gran Obra llamada Putrefacción. Ésta consiste, según Pernety, en la corrupción de la sustancia húmeda de los cuerpos que se realiza por el calor de un fuego extrínseco que pone en acción al fuego interno de la materia.

76.*a «(…) pudre al oro, compuesto o dispuesto para unirse a él, como siendo el alma general del mundo». (B. Ph. Ch.)

II

Este fuego sulfuroso es la simiente espiritual que nuestra Virgen (permaneciendo no obstante inmaculada) recoge, pues la virginidad puede soportar un amor espiritual sin ser corrompida, como la experiencia y el autor del *Secreto Hermético* lo demuestran. Es gracias a este azufre que nuestro Mercurio es Hermafrodita, o sea que contiene al mismo tiempo, a partir del mismo grado visible de digestión, un principio activo y un principio pasivo.[77*b] Si es unido al Sol, lo ablanda y lo disuelve por el calor templado que exige el compuesto; por el mismo fuego, se coagula a sí mismo produciendo, por su coagulación, al Sol y la Luna, según el deseo del Artista.[78*c]

III

Esto te parecerá quizás increíble, pero es cierto que el Mercurio Homogéneo, puro y limpio, llenado con un azufre interno por nuestro artificio, se coagula a sí mismo por la acción de un calor exterior conveniente. Esta coagulación se hace en forma de una flor de leche[79] que nada encima de ella como una tierra sutil sobre las aguas. Pero cuando se le

---

77.*b «(...) un principio a la vez activo y pasivo, que se vuelve evidente y aparece por el mismo grado de digestión. Pues estando unido al oro...». (B. Ph. Ch.)

78.*c «(...) produce el oro y la plata filosóficos, según el grado de la segunda operación y el deseo del Artista...». (B. Ph. Ch.)

79. *Floris lactis* parece referirse a la nata que se forma en la leche al hervirla y que nada encima de ella.

une al Sol, no sólo no se coagula[80*d] sino que el compuesto manifiesta todos los días un aspecto más blando hasta que, estando bien disueltos los cuerpos, los espíritus comienzan a coagularse tomando un color muy negro y un olor muy fétido. Así pues, es evidente que este azufre espiritual de los metales es verdaderamente el primer motor que hace dar vueltas a la rueda y girar al eje. Este Mercurio es verdaderamente un oro volátil, que no está suficientemente digerido, pero bastante puro. Por ello, por una simple digestión, se transforma en Sol. Pero si se une a un Sol ya perfecto, no se coagula; pero disuelve al oro corporal, con el que queda, después de la disolución, bajo la misma forma; sin embargo, la muerte debe preceder necesariamente a la unión perfecta para que, después de la muerte, sean unidos simplemente no en una perfección, sino en mil perfecciones.

80.*d «(…) no sólo se congela...». (Teófilo)

XI

DE LA INVENCIÓN
DEL MAGISTERIO PERFECTO

I

En otro tiempo, los Sabios penetraron en este arte sin el
socorro de los libros, y lo hicieron de la siguiente manera:
fueron llevados a comprenderlo por la voluntad de Dios.
No creo, en efecto, que ninguno lo haya poseído por una
revelación inmediata, salvo tal vez Salomón, cuestión que
prefiero no resolver. Pero incluso si lo hubiera adquirido de
esta manera, nada impide que lo haya obtenido por la bús-
queda, ya que había pedido únicamente la Sabiduría,[81] que
Dios le dio para que con ella poseyera la riqueza y la paz.
Nadie sano de espíritu podría negar que aquél que ha son-
deado la naturaleza de las plantas y de los árboles, desde el
cedro del Líbano hasta el hisopo y la parietaria, no haya

---

81. Véase Proverbios 11, 6. Para los *kabbalistas*, la Sabiduría (*Jojmah*, de *Jajam*:
«saber», «ocultar», «esconder») era lo mismo que *Hyle* para los gnósticos
griegos. Se trataría, según Najmánides y su maestro Iehudah ben Iakar, de
una «Materia primordial doble, fundamento de la creación». Vemos claramente que no se trata de algo meramente intelectual, sino del «Don de
Dios» del que nos hablan todos los Alquimistas.

conocido paralelamente la naturaleza de los minerales, cuyo conocimiento no es menos agradable.

II

Pero volviendo a nuestro asunto, afirmo que es verosímil creer que los primeros Adeptos que se adueñaron de este Magisterio, entre los que coloco a Hermes, estando desprovistos de libros, no buscaron al principio la máxima perfección, sino que se contentaron simplemente con exaltar los metales imperfectos a la dignidad Real. Y como se dieron cuenta de que todos los cuerpos metálicos tenían un origen mercurial, y que el Mercurio era en cuanto al peso y a la homogeneidad similar al más perfecto de los metales, el oro, se propusieron llevarlo[82] a la madurez del oro, pero no pudieron llevarlo a cabo con ningún fuego.

III

Por lo que consideraron que, para tener éxito, el calor exterior del fuego tenía que ser acompañado por un fuego interior. Han buscado por consiguiente este calor en varias cosas. Primeramente, extrajeron por destilación (*extillarunt*) aguas extremadamente ardientes de los minerales menores, con las que corroyeron el Mercurio, pero no pudieron por esta vía, cualquiera que fuese el artificio empleado, hacer

---

82. *Digerere*, de *digero*: «llevar por diferentes lados», comporta también la idea de «separar», «fundir» y «digerir».

que el Mercurio cambiara sus cualidades intrínsecas, ya que todas estas aguas corrosivas no eran sino agentes exteriores, del mismo modo que el fuego, aunque de un modo diferente; y estos menstruos, como ellos los llamaron, no permanecían con el cuerpo disuelto.

IV

Por esta firme razón rechazaron todas las sales, excepto una, que es el primer ser de todas las sales, que disuelve a todos los metales y de la misma manera coagula al Mercurio; pero esto no se hace más que por una vía violenta. Por lo cual un agente de esta clase se separa de nuevo de los cuerpos que ha disuelto, sin perder nada de su peso ni de sus cualidades. Por lo que los Sabios reconocieron al final que en el Mercurio había crudezas[83] acuosas e impurezas terrosas que, profundamente incrustadas, impedían que fuera digerido, y que no podían ser eliminadas más que por la inversión de todo el compuesto. Aprendieron, digo, que, si podían liberarlo de sus escorias, conseguirían volver fijo al Mercurio. En verdad, éste contiene en sí mismo un azufre fermentativo del que la más mínima porción (*granum*) sería suficiente para coagular todo el cuerpo mercurial, si se pudieran separar todas sus impurezas y crudezas. Por este motivo, intentaron varias purgaciones, pero en vano, puesto que esta operación requiere una mortificación y una regeneración para las que es necesario un agente interior.

---

83. *Cruditate*: «crudeza», «indigestión», indica algo que no ha sido digerido suficientemente.

V

Y finalmente aprendieron que el Mercurio había sido destinado para formar los metales en las entrañas de la tierra, para lo que conservaba un movimiento continuo tanto tiempo como el lugar y los otros caracteres exteriores permanecían bien dispuestos. Pero si se producía por casualidad algún trastorno, este joven inmaduro[84] caía por su propio impulso, de tal modo que aparecía privado de movimiento y de vida, siendo verdaderamente imposible el regreso de la privación a la salud.

VI

Hay un azufre pasivo en el Mercurio que tendría que ser activo; hay que introducirle, por lo tanto, otra vida, de su misma naturaleza, que suscite la vida latente del Mercurio. De este modo la vida recibe a la vida; entonces, finalmente, (el Mercurio) es cambiado radicalmente y rechaza espontáneamente de su Centro a las impurezas y escorias, como ya lo escribimos suficientemente en los capítulos precedentes. Esta vida se encuentra solamente en el azufre metálico; los sabios lo buscaron en Venus y en substancias semejantes, aunque en vano.

---

84. *Inmatura proles*: «joven inmaduro» o «fruto inmaduro». La noción de joven conviene perfectamente al Mercurio, mientras que la de fruto parece estar más de acuerdo con el texto, tratándose seguramente de un juego de palabras.

VII

Finalmente, se interesaron en la estirpe de Saturno[85*a] y probaron su acción sobre el oro. Y como tenía fuerza para desembarazar al oro maduro de sus impurezas,[86*b] se dejaron llevar por el argumento de que, más o menos, tendría la misma acción sobre el Mercurio. Pero comprobaron experimentalmente que retenía sus mismas escorias y se acordaron del Proverbio que dice: «Sé puro, tú que quieres purificar a los demás». Comprendieron que era imposible, a pesar de sus esfuerzos, purgarlo enteramente, ya que en su azufre no había nada metálico, aunque en él abundaba la sal más pura de la naturaleza.

VIII

Así pues, vieron que en el Mercurio había muy poco azufre y que éste era únicamente pasivo, por lo que no encontraron azufre activo en esta descendencia de Saturno, sino sólo (azufre) en potencia. Por lo que la unieron a un azufre arsenical ardiente, sin el que se vuelve loca y no puede subsistir en forma coagulada, y es tan estúpida que prefiere convivir con este enemigo que la tiene fuertemente encarcelada, cometiendo libertinaje, antes que renunciar a él y aparecer bajo una forma mercurial.

85.[*a] «(…) hijo de Saturno, es decir la Saturnia vegetal y reconocieron experimentalmente que era la raíz generativa del Oro» (B. Ph. Ch.).

«(…) hija de Saturno, y la probaron, que era purificadora del oro». (Teófilo)
86.[*b] «Tenía también impurezas que conservaba siempre». (B. Ph.Ch.)

IX

Por lo que, buscando más lejos este azufre activo, los Magos lo pidieron y lo encontraron encerrado en lo más interior de la casa del carnero.[87] El hijo de Saturno lo ha acogido con avidez, siendo purísima, muy tierna y próxima al primer ser de los metales su materia metálica, completamente privada de azufre activo, pero capacitada para recibir azufre. Por lo que lo atrae hacia sí como un imán, absorbiéndolo y escondiéndolo en su vientre. Y el Todopoderoso le imprime su sello real. Entonces, los Magos se alegraron, no sólo por haber encontrado el azufre, sino también por verlo totalmente preparado.

X

Finalmente, intentaron purgar el Mercurio con él, pero su trabajo fue inútil, ya que en este hijo de Saturno había una malignidad arsenical mezclada de azufre absorbida en él y, a pesar de ser muy poca respecto a la gran cantidad que el azufre[88*c] posee en su naturaleza, impedía sin embargo la unión de este azufre con el Mercurio. Por ello intentaron templar esta malignidad del aire por las palomas de Diana

---

87. Aries: «el carnero», es el primer signo zodiacal, el comienzo de la primavera. Varios Filósofos escribieron que su materia se extraía del «vientre de Aries»; el carnero, en la mitología, es el animal del que provenía el Toisón de Oro. Véase nota 1 del cap. I. Véase *Introitus* VIII-III. Y la *Arcanum Hermeticae Philosophiae Opus* de Jean d'Espagnet, canon XLII.

88.*c «(…) pues había todavía una malignidad arsenical mezclada con este azufre, que había sido deglutido por la raza de Saturno…». (B. Ph. Ch.)

y les respondió el éxito. Mezclaron entonces la vida con la vida, humedecieron la seca mediante la líquida, animaron la pasiva por la activa y vivificaron la muerta por la viva. Así, el cielo estuvo nublado por un tiempo, pero, tras abundantes lluvias, ha recobrado la serenidad.

XI

De allí salió el Mercurio Hermafrodita. Lo pusieron sobre el fuego y en un tiempo de ningún modo largo, lo coagularon, encontrando en su coagulación al Sol y a la Luna.

XII

Finalmente, vueltos en sí mismos, (estos Sabios) notaron que el Mercurio así purificado, no coagulado aún, no era todavía un metal, pero sí lo suficientemente volátil como para no dejar ningún depósito en el fondo del vaso durante su destilación. Por lo que los llamaron su Sol inmaduro y su Luna viva.

XIII

Consideraron del mismo modo que ya que era verdaderamente el primer ser del oro, sin embargo, volátil, podía convertirse en el campo donde, una vez sembrado, el Sol aumentaría en virtud. Por lo tanto, colocaron allí al Sol y, ante su estupor, lo que era fijo se volvió volátil, lo duro se ablandó y lo que estaba coagulado se disolvió para la sorpresa de la naturaleza misma.

XIV

Por lo que casaron a estos dos cuerpos, los encerraron en un vaso de vidrio y los colocaron sobre el fuego y dirigieron el resto de la obra durante un largo período, como lo exige la naturaleza. Así fue vivificado el muerto y murió el vivo, se pudrió el cuerpo y el espíritu resucitó con gloria y el alma fue exaltada en una quintaesencia, medicina suprema para los animales, vegetales y minerales.[89]

---

89. Véase *Introitus* III-III.

XII

DE LA MANERA DE REALIZAR EL PERFECTO MAGISTERIO EN GENERAL

I

Debemos dar a Dios eterna acción de gracias por habernos mostrado estos arcanos de la naturaleza que ha escondido a los ojos de la mayoría. Descubriré, pues, fiel y gratuitamente, a los demás buscadores lo que me ha sido dado gratuitamente por este supremo dador. Has de saber, por consiguiente, que en nuestra operación no existe mayor secreto que la colaboración de las naturalezas, una sobre la otra, hasta que gracias a un cuerpo crudo se extraiga una virtud muy digerida de un cuerpo digerido.

II

Para ello se requiere:

Primero, la provisión (*comparatio*), la preparación y la adaptación exacta de los ingredientes que entran en la obra.
Segundo, una buena disposición exterior.

Tercero, preparadas así las cosas, se requiere un buen régimen.

Cuarto, hay que conocer de antemano los colores que aparecen en el transcurso de la obra, para no proceder a ciegas.

Quinto, paciencia, para que la obra no sea llevada apresuradamente y con precipitación. De lo que vamos a hablar en orden, con una sinceridad fraternal.

XIII

DEL USO DE UN AZUFRE MADURO EN LA OBRA DEL ELIXIR

I

Ya hemos hablado de la necesidad del Mercurio y hemos transmitido, a propósito de él, numerosos secretos que antes de mí estaban sin conocer en el mundo, porque casi todos los libros de química están llenos de oscuros enigmas, de operaciones sofísticas o incluso de montones de palabras escabrosas.

Verdaderamente, yo no he hecho lo mismo, sometiendo así mi voluntad al beneplácito divino, que en este último período del mundo me parece querer revelar[90] estos tesoros. Por lo que no creo que el arte se envilezca y desaparezca. Esto no puede ocurrir, pues la verdadera sabiduría se guarda a sí misma en honra eternamente.

---

90. *Reseraturus*, de *resedo*: «abrir». Como Lenglet du Fresnoy, consideramos más adecuado el término «revelar».

II

Finalmente, ojalá que el oro y la plata, estos grandes ídolos que el mundo entero ha adorado hasta ahora, fueran de tan poco valor como el estiércol. ¡Entonces, nosotros, que somos duchos en este arte, no estaríamos obligados a escondernos! Nosotros, que nos creemos ya cargados de la misma maldición que Caín (¡llorando y suspirando!) casi parece que estemos apartados de la faz del Señor y de la dulce sociedad de nuestros amigos, de la que disfrutábamos sin temor antaño. Ahora vivimos verdaderamente agitados, como si estuviéramos asediados por las furias, y no podemos creernos seguros por algún tiempo en ninguna parte, gimiendo y repitiendo a menudo la lamentación de Caín a Dios: «Cualquiera que me hallare me matará».[91]

III

No habiendo osado tomar el cuidado de nuestra familia, erramos vagabundos de nación en nación sin obtener ninguna morada segura. Y aunque lo poseemos todo, debemos contentarnos con poco; ¿en qué somos pues felices, sino en la contemplación,[92] donde el alma experimenta una gran satisfacción? Muchos creen, siendo extraños a este arte, que si lo poseyeran harían esto o esto otro: es lo que nosotros creíamos antaño, pero vueltos prudentes por los peligros,

---

91. Véase Génesis 4, 14.
92. *Speculatione*, de *speculare*: «observar», «contemplar», «vigilar». Tiene la misma raíz que *speculum*, «espejo», que es símbolo recurrente en la literatura hermética.

hemos escogido un método más secreto. Cualquiera que ha escapado a un peligro de muerte inminente se volverá, ciertamente, creedme, más sabio para el resto de sus días. Las mujeres de los célibes y los hijos de las vírgenes, dice el proverbio, están siempre bien vestidos y alimentados.

IV

He encontrado al mundo en un estado tan corrompido que no se encuentra prácticamente nadie entre los que se dan una imagen de hombre honesto o que anuncian su amor al bien común, en quien la finalidad personal última no sea un interés sórdido e indigno. Y ningún mortal puede hacer nada en la soledad, ni siquiera obras de misericordia, sin poner en peligro su vida. Lo he experimentado hace poco tiempo en el extranjero: había dado un remedio a unos enfermos afligidos de miserias corporales y abandonados por todos, y por milagro recobraron la salud, enseguida comenzaron a murmurar que era por el Elixir de los Sabios, hasta tal punto que he sufrido a veces los peores disgustos; obligado a disfrazarme, a afeitarme la cabeza y llevar una peluca, a utilizar otro nombre y huir por la noche, pues de otro modo habría caído en manos de los malvados que me acechaban (a causa de una simple sospecha y de su detestable sed de oro). Podría narrar muchos incidentes de este tipo, que parecerían graciosos a muchas personas.

V

En efecto, algunos dicen: «Si yo poseyera estos secretos, me comportaría de otro modo». Que sepan, sin embargo, lo penoso que es para las personas de espíritu el convivir con imbéciles; pues las personas de espíritu son astutas, sutiles, perspicaces, tienen los ojos de Argos,[93] algunos son curiosos, otros maquiavélicos, intentan comprender la vida, las costumbres y los actos de los hombres; en todo caso, son personas con las que, cuando se ha contraído con ellas una especie de familiaridad, es muy difícil disimular.

VI

Si hablara con alguno de los que creen esto de sí mismos (que harían tal o cual cosa si poseyeran la piedra), le diría: «Eres el amigo de un Adepto», enseguida se pondría a reflexionar y me respondería: «Esto es imposible, me habría dado cuenta; vivo tan familiarmente con él que lo habría notado». Tú, que piensas esto de ti mismo, ¿no crees que los demás tienen una perspicacia igual a la tuya para darse cuenta de quién eres?

---

93. *Argos Panoptes*: «Argos todo ojos», fue el guardián que Hera escogió para vigilar a Io, convertida en vaca por Zeus. Tenía un gran número de ojos, los cuales Hera recogió y puso en la cola del pavo real, después de que Argos fuera degollado por Hermes.

VII

En verdad es necesario convivir con la gente, de otro modo te ven como a un cínico o a otro Diógenes.[94] Si convives con la plebe, en verdad es indigno. Si frecuentas la sociedad de las gentes prudentes, has de ser muy cauteloso, no sea que otro te reconozca con la misma facilidad con la que tú crees que puedes reconocer en otra persona a un Adepto (ignorando tú un secreto conocido por todos) valiéndote del hecho de que tienes con él una cierta familiaridad. No te será fácil darte cuenta de que se sospecha de ti y es un grave inconveniente, pues la menor conjetura será suficiente para que se te aceche.

VIII

Tanta es la maldad de los hombres, que he conocido a ciertas personas que fueron estranguladas o ahorcadas y que, sin embargo, eran ajenas a nuestro arte. Era suficiente con que gentes desesperadas hubieran oído murmurar que alguien tenía la reputación de ser hábil en esta ciencia. Sería fastidioso contar lo que nosotros mismos experimentamos, vivimos y oímos, a este respecto, y más aún en esta edad del mundo que en las precedentes. La Alquimia es un pretexto,

---

94. Diógenes de Sínope fue un filósofo griego del siglo IV a. C. de la escuela cínica. Despreciaba las convenciones sociales y dormía bajo los pórticos refugiándose con frecuencia en un tonel. En el texto podemos considerar a Cínico o a Diógenes como sinónimos de «ser asocial».

de modo que, si haces algo en secreto, no puedes dar tres pasos sin traicionarte.[95*a]

IX

Esta cautela tuya excitará el celo de algunos a examinar más de cerca tu conducta y se te importunará, acusándote de hacer moneda falsa. ¿Y qué no dirán? Si eres un poco más abierto, se encontrará que haces cosas insólitas, ya sea en Medicina o en Alquimia. Si posees un gran peso de oro o de plata y quieres vender de él, fácilmente se preguntarán de dónde proviene esta gran cantidad de oro fino y plata, puesto que no se encuentra en ninguna parte, sino es en Barbaria o en Guinea, y bajo la forma de un polvo extremadamente tenue, mientras que el tuyo, verdaderamente de condición más noble, estará en forma de fragmentos.

X

Los mercaderes no son tan estúpidos, incluso si jugando como niños te dijeran: «Los ojos están cerrados, ven, no vemos». Con todo eso, si vas a ellos, en un abrir y cerrar de ojos, descubren lo suficiente como para ocasionarte la mayor miseria. La plata, que es producida mediante nuestro

---

95.[*a] «(…) de ningún modo te atrevieras a mover un pie, aunque con secreto trates, si no quieres descubrirte, porque tu misma cautela dará a muchos qué pensar, para que muy intrínsecamente y con mucho cuidado te busquen la vida y digan que eres un monedero falso y mucho más». (Teófilo)

arte, es tan fina que no puede venir de ningún lugar. La mejor, que viene de España, no sobrepasa en bondad a la esterlina inglesa, y se presenta además en forma de rudas monedas que, a pesar de las prohibiciones legales de los países, se transportan furtivamente. Por lo tanto, si vendieras una gran cantidad de plata pura, ya te has traicionado, mientras que si quieres adulterarla (sin ser orfebre),[96] mereces la pena capital, según las leyes de Holanda, Inglaterra y de casi todos los países, que prevén que toda adulteración del oro y de la plata, aunque sea para pesarlo en la balanza, es susceptible de la pena capital si no es realizado por un orfebre profesional y autorizado.[97*b]

XI

Nosotros lo comprobamos cuando, fuera de nuestra patria, intentamos vender cerca de 600 libras[98*c] de plata muy fina, disfrazado de mercader, no osando adulterarla por tener casi cada nación su propia ley[99] para los metales preciosos, que los orfebres conocen bien, hasta tal punto que, si yo hubiera pretendido haberla obtenido de fuera, lo hubieran

---

96. *Metallurgus*: «metalúrgico»; el que trabaja los metales. En el texto creemos más correcta la acepción de «orfebre», aunque se trate de alguien que trabaja con plata.

97.*b «(…) aunque sea hecha según las leyes, si no se hace en la Casa de la Moneda y por el ensayador legal...». (Teófilo)
«(…) si no es maestro orfebre o monedero, aunque haya el peso justo». (B. Ph. Ch)

98.*c «1200 marcos». (B. Ph. Ch)

99. *Bonitatis stateram*, «balanza de bondad», indica el nivel de calidad, kilataje o ley requerida para que un metal precioso sea legal.

reconocido por la prueba de la balanza y hubieran hecho prender al vendedor. Aquellos a quienes la llevé, me dijeron enseguida que era plata fabricada por el arte. Les pregunté cómo podían afirmarlo y me respondieron simplemente que no tenía que enseñarles a distinguir la plata procedente de España e Inglaterra, y que aquella no era de ese tipo. Oyendo esto, huimos a escondidas abandonando la plata y su valor, sin volver nunca a reclamarlo.

XII

Si después de esto finges que este gran peso de oro, o sobre todo plata, ha sido traído de otro lugar, no podrás hacerlo sin ruido. El capitán de barco dirá que él no ha transportado tal cantidad de plata y que no habría podido entrar en el barco[100*d] ignorándolo todos. Y los que oirán esto, que vienen a este lugar a comerciar, reirán, diciendo que no es posible reunir tal cantidad de oro o de plata en un barco, siendo tan estrictas las leyes que lo prohíben y tan estrictos los registros preventivos.

Este asunto se hará público inmediatamente, no sólo en el país en cuestión, sino también en los países vecinos. Instruido por los peligros corridos, he decidido seguir escondido y comunicártelo a ti, que sueñas con este arte, curioso por ver qué harás por el bien público cuando seas un Adepto.

100.[*d] «En el vaso». (B. Ph. Ch.)

XIII

Así pues, como dijimos en lo que antecede y habiendo enseñado la necesidad del Mercurio en nuestra obra, he decidido recalcar a propósito del Mercurio algunas particularidades, lo cual ninguno de los antiguos hizo antes de mí. Así, por otra parte, digo lo mismo del azufre, sin el cual el Mercurio no podrá sufrir la congelación necesaria para la obra sobrenatural.

XIV

Este azufre desempeña en nuestra obra el papel de macho, y cualquiera que aborda sin él el arte transmutatorio no tendrá éxito nunca, afirmando todos los Sabios que no se puede hacer ninguna tintura sin Latona,[101] siendo este bronce, sin lugar a duda, el Oro, que ellos llaman así.[102*e] El famoso Sendivogius ha dicho a este respecto: «El Sabio reconoce nuestra piedra incluso entre el estiércol, mientras que el ignorante ni siquiera cree que exista en el oro». Es en el Oro de los Filósofos donde se encuentra la tintura

---

101. Latona: hija de Saturno, según Homero, y madre de Diana y Apolo, a los que dio a luz en la isla de Delos, donde llegó huyendo de la serpiente Pitón. Los Alquimistas dicen que debe lavarse el rostro de Latona con su sangre, lo que significa –según Pernety–, blanquear la tierra mediante el agua extraída de ella por disolución.

102.*e «(...) sin su metal no se puede hacer tintura, y este metal es el oro...». (Teófilo)

«(...) que ellos llaman así, y que es la hembra». (B. Ph. Ch.)

aurífica;[103*f] aunque éste sea un cuerpo muy *digesto*, nuestro Mercurio se *reincruda* no obstante en un solo cuerpo, recibiendo de Mercurio la multiplicación de su simiente, no tanto en peso como en virtud.

XV

Y aunque varios sabios sofistas parezcan negarlo, todo es verdaderamente como lo he dicho. Pretenden, por ejemplo, que el oro vulgar está muerto, mientras que el suyo está vivo.

Paralelamente, el grano de trigo está muerto, es decir, que su actividad germinal ha sido suprimida y permanecería así eternamente si fuera conservado en un medio ambiente seco, pero si es echado en la tierra, pronto reemprende su vida fermentativa, se hincha, se ablanda y germina.

XVI

Lo mismo ocurre con nuestro oro. Está muerto, o sea que su fuerza vivificante está sellada bajo la corteza corporal, como ocurre con el grano, aunque de un modo diferente, en cuanto a la diferencia que separa el grano vegetal del oro metálico. Y del mismo modo que este grano, que permanece inmutable mientras está en el aire seco, es destruido por

---

103.*f «Es en el Oro de los Filósofos, que proviene del Azufre Mercurial de los Sabios, y del oro vulgar, cocidos juntos en un solo cuerpo exaltado, donde está encerrada la tintura del oro». (B. Ph. Ch.)

el fuego y vivificado solamente en el agua, paralelamente, el oro, que es incorruptible y dura eternamente, es únicamente reductible[104*g] en nuestra agua, y entonces es nuestro oro vivo.

XVII

Del mismo modo que el trigo sembrado en el campo por el agricultor cambia de nombre y toma el de semilla en lugar de grano que tenía mientras se guardaba en el granero para hacer pan y otros alimentos de este tipo, así como para la siembra, paralelamente el oro cuando está en forma de anillo, de vasija o de moneda, es vulgar, pero cuando se le mezcla con nuestra agua es filosófico. En el primer estado se dice que está muerto, ya que permanece inmutable hasta el fin del mundo; en el estado posterior[105*h] se dice que está vivo, porque lo está en potencia. Potencia que puede, en pocos días, ser convertida en acto: entonces el oro ya no es oro, sino el Caos de los Sabios.

XVIII

Con razón, pues, los Filósofos dicen que el Oro filosófico es tan diferente del vulgar; y que la diferencia consiste en la composición. En la medida en que se dice que un hombre está muerto cuando ha oído su sentencia de muerte, así se

---

104.*g «(...) reductible a su Semilla». (B. Ph. Ch.)

105.*h «(...) es decir, cuando está junto al Mercurio de los Filósofos». (B. Ph. Ch.)

dice que el oro está vivo cuando está mezclado a una tal composición y sometido a un fuego en el que necesaria y rápidamente debe recibir a la vida germinativa y mostrar, al cabo de pocos días, la acción de su vida naciente.

XIX

Por esto mismo los Filósofos que dicen que su oro está vivo te ordenan a ti, investigador de este arte, que vivifiques al muerto. Si lo conoces, y preparas el agente realizando la mezcla según las reglas, tu oro no tardará en volverse vivo, y en esta vivificación, tu menstruo vivo, morirá. Por esta razón los Magos ordenan que se vivifique al muerto y que se mortifique al vivo; y, sin embargo, al principio llaman viva a su agua, y dicen que la muerte del primer principio y la vida del segundo tienen la misma duración.

XX

Por lo que es evidente que hay que tomar su oro cuando está muerto y su agua cuando está verdaderamente viva, y en este compuesto, después de una breve decocción, la simiente del oro se vuelve viva y el Mercurio vivo, muere; es decir, que el espíritu se coagula por el cuerpo disuelto, y que uno y otro se pudren en forma de limo hasta que todos los miembros del compuesto son dispersados en átomos. Ésta es, pues, la naturaleza de nuestro Magisterio.

XXI

El misterio que ocultamos con tanto empeño es la preparación del Mercurio propiamente dicho, que no puede encontrarse sobre la tierra para nuestras manos preparado (nuestro uso), y esto por razones particulares conocidas por los Adeptos. En este Mercurio, purgado al grado supremo de pureza, limado y reducido a láminas, amalgamamos perfectamente al oro puro, lo encerramos en un vaso de vidrio y lo cocemos a fuego continuo: el oro se disuelve por la virtud de nuestra agua, reduciéndose a su materia más próxima, en la que es liberada la vida prisionera en el oro, y recibe la vida del Mercurio disolvente, que es respecto a él lo que la buena tierra respecto al grano de trigo.

XXII

Disuelto pues en este Mercurio, el oro se pudre, y esto es preciso por una necesidad de la naturaleza, pues después de la putrefacción de la muerte renace un cuerpo nuevo[106] de la misma esencia que el primero y de una sustancia más noble que alcanza proporcionalmente diferentes grados de virtud según las cuatro modalidades de los elementos. Éste es el orden de nuestra obra. Ésta es toda nuestra Filosofía.

---

106. Véase 1 Corintios 15, 36.

XXIII

Por ello decimos que no hay nada secreto en nuestra obra, a excepción solamente de Mercurio, cuyo Magisterio consiste en prepararlo según las reglas, extraer el Sol que está escondido en él y casarlo con el oro en una proporción justa. Y regir el fuego según las exigencias del Mercurio, ya que el oro no teme al fuego por sí mismo, y cuanto más está unido al Mercurio, más capaz es de resistir a este fuego. Por eso la dificultad de esta obra consiste en acomodar el régimen de calor a la tolerancia del Mercurio.

XXIV

Aquél que no ha preparado su Mercurio según las reglas, incluso si lo ha unido al oro, este oro será todavía oro vulgar ya que estará unido a un agente extravagante (*fatuo*) en el que permanece inmutable, como si lo hubiéramos dejado en un cofre, no haciendo desaparecer ningún fuego su naturaleza corporal, *al no haber un agente vivo que lo acompañe.*[107]*ⁱ

XXV

Nuestro Mercurio es un alma viva y vivificante, por ello nuestro Oro es espermático, del mismo modo que el trigo sembrado es una simiente y el trigo almacenado en el granero es un simple grano muerto. Incluso si es enterrado

---

107.*ⁱ La frase en cursiva no aparece en la versión de Teófilo.

bajo tierra en una caja (como suelen hacer los habitantes de la Indias occidentales, que esconden sus cosechas en una fosa, en el interior de la tierra, al abrigo de todo vapor de agua), sin embargo, si no recibe el vapor húmedo de la tierra, está muerto, es decir, permanece sin fruto y lejos de germinar.

XXVI

Sé que hay muchos que condenarán esta doctrina y dirán: «Este hombre afirma que el oro vulgar es el soporte material de la piedra con el Mercurio corriente, pero nosotros sabemos que en realidad es lo contrario». ¡Vamos, filósofos, examinad vuestras bolsas!, vosotros que sabéis semejantes cosas, ¿por ventura tenéis la piedra? Yo la poseo sin haberla recibido de nadie (si no es de mi Dios), no la he robado, la tengo, la he hecho, la tengo en mi poder cada día, la he trabajado a menudo con mis propias manos. Escribo lo que sé, pero no es para vosotros.

XXVII

¡Tratad vuestras aguas pluviales, vuestros rocíos de mayo, vuestras sales, parlotead a propósito de vuestro esperma, más poderoso que el mismo demonio, agraviadme con oprobios! ¡Creed que vuestro vergonzoso lenguaje me entristece! Lo repito, sólo el oro y el Mercurio son nuestras materias, sé lo que escribo, y Dios, que escruta los corazones, sabe que escribo la verdad.

XXVIII

No hay por qué acusarme de envidia, puesto que he escrito con pluma audaz y con un estilo poco habitual, en honor de Dios, para la utilidad de mi prójimo y para condenar al mundo y a las riquezas, *pues ya ha nacido Elías Artista y se predican maravillas de la Ciudad de Dios.*[108*j] Me atrevo incluso a asegurar que poseo más riquezas que las que posee el Universo conocido, pero las asechanzas de los malvados no me permiten utilizarlas.[109*k]

XXIX

Con razón desdeño y desprecio esta idolatría del oro y de la plata, con los que todo se aprecia y que no sirven más que para la pompa y la vanidad del mundo. ¿Qué torpe iniquidad y qué vano pensamiento os impulsan a creer que si yo escondo mis secretos es por envidia? De ningún modo, confieso que me duele profundamente ser un vagabundo errando por la tierra, como si el Señor me arrojara de su vista.

XXX

Pero es inútil hablar, lo que hemos visto, tocado y elaborado, lo que tenemos y conocemos, lo declaramos solamente movidos por la compasión que sentimos hacia los buscadores y la indignación hacia el oro, la plata y las piedras

---

108.[*j] La frase en cursiva no aparece en la versión de Teófilo.
109.[*k] «(…) pero no es lícito utilizarlas». (Teófilo)

preciosas, no como criaturas de Dios, pues en cuanto a esto son honorables, y las honramos, sino porque los israelitas y también el resto del mundo, las idolatran. Por ello deseamos que, como el becerro de oro,[110*1] sean reducidas a polvo.[111]

XXXI

Creo y espero que dentro de pocos años el dinero será como las escorias y que este sustento de la Bestia del Anticristo se desmoronará en ruinas. El pueblo delira, y las naciones insensatas toman por Dios a este peso inútil. *¿En qué es compatible esto con nuestra próxima redención, tanto tiempo esperada?*[112*ll] *¿Cuándo se cubrirán de oro las plazas de la nueva Jerusalén? ¿Cuándo sus puertas de perlas finas?*[113] *¿Y cuándo el Árbol de la Vida que está en medio del Paraíso dará sus hojas para la salvación del género humano?*

XXXII

Lo sé, lo sé, mis escritos serán para muchos como el oro fino; y el oro y la plata, gracias a estos escritos míos serán despreciados. Creedme, jóvenes aprendices, y vosotros sus

---

110.*1 «Serpiente de cobre». (Teófilo)
    «Serpiente de bronce». (B. Ph. Ch.)
111. Véase Éxodo 32, 20.
112.*ll En la B. Ph. Ch., estas frases no aparecen en forma interrogativa, y en la versión de Teófilo, este párrafo no se traduce.
113. Véase Apocalipsis 21, 21.

padres, el tiempo está en nuestras puertas, no lo escribo bajo el influjo de una vana ilusión, sino que lo veo en espíritu, en que nosotros, los Adeptos, volveremos desde los cuatro ángulos de la tierra, en que ya no temeremos más las asechanzas dirigidas contra nuestras vidas y daremos gracias a Dios, nuestro Señor. *Mi corazón me susurra maravillas inauditas y mi alma se estremece en mi pecho ante la idea de la felicidad de todo Israel de Dios.*[114]*m

XXXIII

Anuncio todo esto al mundo como un pregonero, a fin de no morir habiéndole sido inútil. *Que este libro mío sea el precursor de Elías, a fin de que prepare la vía real del Señor.*[115]*n ¡Ojalá las gentes de espíritu de todo el mundo conozcan este arte! Entonces, la extrema abundancia del oro, de la plata y de las piedras preciosas, los volverán poco estimables, apreciándose únicamente la ciencia que los producirá. Entonces, por fin, será honrada la verdad desnuda, ya que es estimable en sí misma.

XXXIV

Conozco a varios que poseen el arte y conocen sus verdaderas llaves; todos ellos desean el más estricto silencio. Por mi parte, la esperanza que tengo en Dios me hace pensar de

---

114. *m Los fragmentos en cursiva no aparecen en la versión de Teófilo.
115. *n Los fragmentos en cursiva no aparecen en la versión de Teófilo.

otro modo. Por ello he escrito este libro, del que ninguno de mis hermanos, los Adeptos (con los que estoy diariamente en comunicación), saben nada.

XXXV

Dios dio reposo a mi corazón dándole una fe firmísima, y no dudo que haciendo uso de mi talento serviré de este modo al Señor, de quien soy acreedor, y al mundo, mi prójimo, y principalmente a Israel;[116.ñ] y sé que nadie puede hacer fructificar a su talento aparte de mí, y preveo que centenares serán, probablemente, alumbrados por mis escritos.

XXXVI

Por lo que, sin consultar la carne ni la sangre, no he buscado la aprobación de mis hermanos al escribir esta obra. DIOS haga, para gloria de su nombre, que yo llegue al final, que espero, entonces todos los Adeptos que me conocen se alegrarán de la publicación de estos escritos.

116.ñ Teófilo traduce «y sobre todo a los Justos» en lugar de «Israel».

XIV

DE LAS CIRCUNSTANCIAS QUE SE PRODUCEN Y QUE SE REQUIEREN PARA LA OBRA EN GENERAL

I

Hemos separado el Arte químico de todos los errores vulgares y refutado los sofismas y las curiosas quimeras de los soñadores, hemos enseñado que este Arte debe tener por principios al Oro y al Mercurio, que el Sol es el Oro, sin ninguna ambigüedad ni duda, y que esto no debe ser tomado metafóricamente, sino en el verdadero sentido filosófico; y hemos declarado sin la menor ambigüedad que el Mercurio es el azogue.[117]

II

Hemos demostrado que el primero es perfeccionado por la naturaleza y se puede comprar; pero el segundo debe ser

---

117. *Argentum vivum*: «azogue». Es, literalmente, «plata viva», lo que nos da a entender la naturaleza femenina de este Mercurio y su cualidad de estar viva.

fabricado por el Arte y es una de las llaves (del Arte). Hemos añadido razones tan claras y evidentes que, a menos que se quieran cerrar los ojos para no ver el Sol, es imposible no percibirlas. Hemos declarado, y lo repetimos, no haber afirmado todo esto por la fe que podamos tener en los escritos de otros: hemos visto y conocido lo que sinceramente contamos; hemos fabricado, visto y poseído la piedra, el gran Elixir.

III

Verdaderamente no estamos celosos de este saber pues anhelamos que, a través de estos escritos, dispongas de él. Por otra parte, dimos a conocer lo difícil que es la preparación del Mercurio filosófico, *cuya principal dificultad reside en las palomas de Diana, que están envueltas en los eternos abrazos de Venus y sólo son vistas por el verdadero Filósofo. Este único conocimiento* (scientia) *es la perfección de la Teoría, ennoblece al Filósofo, descubriéndole todos los arcanos de nuestra ciencia; tal es el nudo gordiano que aquél que comienza en el arte no sabrá deshacer jamás si el dedo de Dios no está allí para guiarlo.*[118*a] Y es tan difícil que, si quieres llegar a su conocimiento exacto, necesitas para este trabajo una gracia peculiar de Dios.

118.[*a] Teófilo no traduce lo que está en cursiva.

IV

He dado, lo que nadie ha hecho antes de mí, tantos detalles sobre la fabricación de esta agua que no sabría decir más si no es dando la receta, lo que he hecho ya, sólo que sin nombrar los elementos con sus propios nombres. Sólo me resta describirte el uso y la práctica que te enseñarán fácilmente a distinguir las cualidades y defectos del Mercurio y, gracias a este conocimiento, podrás modificarlo y corregirlo a tu gusto.

V

Poseyendo de este modo el Mercurio animado y el Oro, falta la purgación accidental, tanto del Mercurio como del Oro. Después, los esponsales. Y en tercer lugar, el régimen.[119.*b]

119.*b Conservamos la misma disposición del párrafo que en la versión latina. Teófilo traduce: «Y en tercer lugar, el gobierno del fuego».

XV

DE LA PURGACIÓN ACCIDENTAL DEL MERCURIO Y DEL ORO

I

El oro perfecto se extrae de las vísceras de la tierra, donde se le encuentra en trozos o en forma de arena. Si lo puedes tener intacto, es bastante puro; si no, púrgalo, ya sea con antimonio, ya por el cemento real, ya haciéndolo hervir con agua fuerte; reduce el oro en granos o limaduras, luego fúndelo y ya está dispuesto.[120*a]

II

Nuestro oro es producido por la naturaleza, perfeccionado en nuestras manos por nuestro uso, que yo he encontrado y del que me he servido, conocido apenas por un Artista entre cien mil, a menos que tenga un conocimiento

---

120.[*a] «(...) pasándolo por el antimonio, o por la copela o, tras haberlo reducido a granos, haciéndolo hervir y disolver en agua fuerte o regia; después de ello deberá fundirse por un fuego de fusión, disponerlo en limaduras, y estará presto y bien preparado». (B. Ph. Ch.)

muy profundo del reino mineral. Por otra parte, se encuentra en un sujeto accesible a todos (*omnibus obvio*), pero que está mezclado con muchas superfluidades; lo haremos pasar por muchos exámenes y combinaciones, hasta que sean eliminadas todas las escorias y sólo quede de él lo puro, aunque con algunas heterogeneidades. Sin embargo, no lo fundimos, pues su tierna alma perecería y estaría tan muerto como el oro vulgar. Pero lávalo en el agua que lo consume todo (excepto nuestra materia) y entonces nuestro cuerpo se convierte en algo parecido a un rostro de cuervo.[121*b]

III

El Mercurio tiene una gran necesidad de una purgación interna y esencial, que consiste en la adición gradual de un azufre verdadero, conforme al número de Águilas: entonces está purgado radicalmente. Este azufre no es otra cosa que nuestro Oro, si sabes separarlos sin violencia, exaltar a uno y a otro separadamente, y reunirlos luego, obtendrás de ellos una concepción que te dará un hijo más noble que ninguna sustancia sublunar.

IV

Diana sabe completar esta obra, si está envuelta en los inviolables abrazos de Venus: ora al Todopoderoso para que

---

121.*b En la versión española de Teófilo no aparece el apartado II, así como la casi totalidad del III y todo el IV.

te revele este misterio que he explicado al pie de la letra en mis capítulos precedentes y donde este secreto ha sido tratado de manera llana. No hay ni una palabra ni un punto superfluo, ni tampoco falta ninguno.

V

Pero aparte de esa purgación esencial del Mercurio, (éste) exige una limpieza[122] accidental que haga desaparecer[123] las heces externas que la operación de nuestro verdadero azufre ha expulsado del centro a la superficie.[124*c] Este trabajo no es absolutamente necesario, pero acelera la obra y es, por lo tanto, conveniente.

VI

Así pues, toma tu Mercurio, que preparaste con el número conveniente de Águilas, y sublímalo tres veces con sal común y escorias de Marte, triturándolo al mismo tiempo en vinagre y un poco de sal amoníaco, hasta que el Mercurio desaparezca. Desécalo entonces y destílalo en una retorta

---

122. *Mundationem*, de *mundo*: indica la acción de limpiar separando lo exterior impuro. El verbo castellano «mondar», referido casi siempre a la acción de separar la piel de una fruta, procede de la misma raíz.

123. *Abluendas*, de *abluo*: «quitar lavando», «hacer desaparecer», «borrar», «purificar por el bautismo».

124.*c «Exige una purgación accidental de las impurezas exteriores, y que haga pasar y rechazar del centro a la superficie las interiores, para lavarlas y purgarlas por la operación de nuestro verdadero azufre intrínseco». (B. Ph. Ch.)

de vidrio con un fuego aumentado gradualmente, hasta que todo el Mercurio ascienda. Reitera tres veces o más[125*d] en esta operación, luego haz hervir el Mercurio en el espíritu del vinagre durante una hora en una cucúrbita o en un vaso de vidrio de fondo ancho y cuello estrecho, agitándolo fuertemente de vez en cuando. Decanta entonces el vinagre y lava la *aceitosidad* con agua de fuente vertida repetidamente.[126*e] Entonces haz secar el Mercurio y admirarás su brillo.

VII

Puedes lavarlo con orín, o vinagre o sal, para ahorrarte la sublimación, y destilarlo después por lo menos cuatro veces, tras haber agotado todas la Águilas, sin adición, lavando la retorta de acero con ceniza y agua. Finalmente, hazlo hervir en vinagre destilado durante medio día, agitando vivamente de vez en cuando, y aparta el vinagre que se ennegrece y añádele (otro) nuevo. Finalmente, lava con agua caliente y podrás, *redestilando* el espíritu del vinagre, liberarlo de su negrura y conservará la misma virtud.

VIII

Todo esto es para apartar la inmundicia exterior que no se adhiere al centro, sino que es un poco más obstinada en la

---

125.*d «Cuatro veces». (Teófilo)
126.*e «(…) vertida en varias veces». (Teófilo)

superficie, como verás: toma este Mercurio preparado con siete o nueve Águilas, amalgámalo con oro muy purgado; haz la amalgama sobre una lámina[127] muy limpia y verás cómo mancha la lámina de una negrura oscura. Paliarás esta impureza por la destilación de la que he hablado, por ebullición y agitación. Esta preparación hace avanzar considerablemente la obra, acelerándola.

---

127. *Chartam*: «lámina para escribir». Lenglet du Fresnoy traduce por «papel». Creemos que en este caso se refiere al oro en láminas.

XVI

DE LA AMALGAMA DEL MERCURIO
Y DEL ORO Y DEL PESO CONVENIENTE
DE UNO Y DE OTRO

I

Preparando todo esto según las reglas, toma una parte de oro purgado en láminas, o pasado por la lima ingeniosamente, dos partes de Mercurio, ponlos en un mortero de mármol calentado previamente, por ejemplo, en agua hirviendo (se seca desde que lo sacas, pero retiene el calor durante largo tiempo), tritura tu composición con una mano de mortero de marfil, de vidrio, de piedra o de hierro (lo que no es tan bueno) o de boj; los de vidrio o de piedra son los mejores. Yo suelo utilizar uno de coral blanco.

II

Tritura pues fuertemente el compuesto hasta que sea impalpable; tritúralo con tanto cuidado como suelen hacer los pintores al preparar sus colores, si es tan maleable como mantequilla, ni demasiado caliente, ni demasiado frío, de manera que, inclinándolo, no deje correr al Mercurio[128] como agua hidrópica intercutánea, siendo buena la consistencia; si es muy seco, añade agua, tanta como haga falta, para que de este modo adquiera esta consistencia.

III

La ley de esta mezcla es que esté blanda y suelta y que sin embargo se puedan formar con ella pequeñas bolas redondas a semejanza de la mantequilla, que es muy blanda y cede a la presión de los dedos, pero que las mujeres, cuando la lavan, pueden formar bolas con ella. Observa que a propósito es este ejemplo, ya que, si se inclina la mantequilla, no deja escapar nada más líquido que la masa entera; lo mismo ocurre con nuestra mezcla.

IV

La naturaleza intrínseca del Mercurio debe darse en esta proporción: o dos o tres partes de Mercurio (por una) de cuerpo, o también tres partes de cuerpo por cuatro de espíritu, o dos por tres; y, según la proporción de Mercurio, la amalgama será más o menos dura; pero recuerda siempre que es preciso poder coagularlo en pequeñas bolas, y que estas pequeñas bolas, separadas, se coagulan (*concres-*

---

128. *Decurrere:* «correr», pero también «precipitarse».

cant) de tal modo que el Mercurio no aparece más vivo[129] en el fondo que en la parte superior. Nota también que, si permites que la amalgama repose, se endurece espontáneamente.

V

Así pues, hay que juzgar la consistencia de la composición agitándola, y si es tan maleable como mantequilla que permite que se hagan bolas con ella y que, colocadas con precaución en un papel limpio, estas pequeñas bolas se endurecen en el reposo, sin ser más líquidas en el fondo que en la parte superior, entonces la proporción es buena.

VI

Hecho esto, toma espíritu de vinagre y disuelve en él el tercio de su propio peso de sal de amoníaco y pon al Sol y a Mercurio, antes de su amalgama, en este licor; ponlos en un vaso de cuello largo y déjalo hervir durante un cuarto de hora, con ebullición fuerte; retira entonces la mezcla del vaso y separa el licor, calienta un mortero y tritura, como hemos visto, fuerte y cuidadosamente la composición, luego, con agua caliente, quítale toda la negrura. Ponla en el mismo licor, hazla hervir de nuevo en el mismo vaso, tritura aún fuertemente y lava.

---

129. *Vivacior*: «más vivo», podría tomarse también en el sentido de «más brillante».

VII

Reitera en esto (en esta operación), hasta que no puedas sacar con ningún trabajo ningún color de la amalgama, entonces ésta será tan clara como la plata más pura y de la blancura más estupenda de la plata mejor pulida. Observa bien la temperatura y cuida de que esté conforme a las reglas; si no es así, llévala hasta allí y procede como se ha dicho. Este trabajo es laborioso, sin embargo, verás tu tarea compensada por los signos que aparecerán en la obra.

VIII

Por último, hierve (tu compuesto) en agua pura, repitiendo decantaciones, hasta que toda salazón y acrimonia se desvanezcan; entonces saca el agua y deja que la amalgama se seque, lo que se hará muy deprisa. Para que estés totalmente seguro (ya que mucha agua echa a perder la obra, pues el vapor puede romper el vaso, incluso si éste es grande), agítalo encima de un papel limpio con la punta de un cuchillo, moviéndolo, hasta que esté totalmente seco, entonces procede como te indicaré.

XVII

DE LAS PROPORCIONES DEL VASO, DE SU FORMA, DE SU MATERIA Y DEL MODO DE CERRARLO

I

Tomad un vaso de vidrio oval y redondeado, lo suficientemente grande como para que quepa en su esfera una onza de agua destilada[130*a] al mayor grado, y no menos si es posible, pues hay que intentar acercarse mucho a esta medida. El vaso de vidrio ha de tener un cuello de un palmo o de diez dedos de altura; cuanto más transparente y espeso sea, mejor, siempre que puedas distinguir las acciones que tienen lugar dentro. No ha de ser más espeso en un sitio que en otro.

II

Pon en este vaso de vidrio media onza de oro[131*b] con una onza de Mercurio, y si añades el triple de Mercurio, todo el

---

130.[*a] «Dos onzas». (B. Ph. Ch.)
131.[*b] «Dos onzas». (B. Ph. Ch.)

compuesto no debe exceder las dos onzas. Tal es la proporción requerida. Además de esto, si el vidrio no es espeso no será capaz de aguantar en el fuego, pues los vientos que se forman en el vaso por nuestro Embrión[132] los romperán. Es preciso que el vaso esté cerrado por arriba con mucha cautela y diligencia, para que no haya ninguna fisura ni el menor agujero, de lo contrario, la obra perecerá.

III

Así ves que la obra en sus principios no excede el precio de tres ducados o tres florines de oro. Del mismo modo, la fabricación de una libra de nuestra agua no excede las dos coronas.[133*c] Ciertamente, lo confieso, hacen falta determinados instrumentos, pero no son muy caros, y si tuvieras mi aparato de destilación, no tendrías necesidad de estos vasos que se rompen fácilmente.

---

132. Los Filósofos químicos dan este nombre a su Mercurio, antes de ser extraído de la mina, y a su azufre cuando todavía no se ha manifestado. Michael Maier en sus *emblemas químicos* representa a un niño en el ombligo de un hombre cuyos dedos y cabellos arden y exhalan un humo espeso, con los siguientes términos debajo: «El viento lo ha llevado en su seno», extraídos de la *Tabla de Esmeralda* de Hermes.

133.*c «Dos escudos». (B. Ph. Ch.)
   «Dos pesos». (Teófilo)

IV

También hay gentes que se imaginan que todo el gasto excede apenas un ducado[134*d] puede respondérseles que esto prueba que nunca han realizado experimentalmente la obra hasta el final, pues hay otras cosas necesarias a la obra que cuestan dinero. Pero apoyándose en los Filósofos, estas gentes pretenden que todo lo que cuesta caro es, en nuestra obra, engañoso. A lo que responderemos: ¿Qué es nuestra obra? ¿Acaso hacer la piedra? Verdaderamente es la obra final, pero la verdadera obra consiste en descubrir la humedad en la que el oro se licúa, como el hielo en agua tibia; encontrar esto es nuestra obra.

V

Por ello muchos sudan obteniendo el Mercurio del Sol, otros el Mercurio de la Luna, pero en vano. Pues en esta obra es engañoso todo lo que cuesta caro. Afirmo que con un florín es posible comprar tanto principio material de nuestra agua como haría falta para animar dos libras enteras de Mercurio, a fin de hacer el verdadero Mercurio de los Sabios.[135*e] *Buscando con el mayor cuidado, confeccionamos con él[136]un Sol que, cuando es perfecto,[137*f] tiene más valor pa-*

134.[*d] «(…) un real de a ocho…». (Teófilo)

135.[*e] El párrafo en cursiva que aparece a continuación no aparece en la traducción de Teófilo.

136. *Ex boc*: literalmente, «de él».

137.[*f] «(…) es de esta agua y de este oro que hacemos la construcción solar y aurífica que tiene…». (B. Ph. Ch.)

ra el *Artista que si lo hubiera comprado al precio del oro más puro, pues resiste a cualquier prueba y es, en mucho, el mejor para nuestra obra.*[138*g]

VI

En definitiva, los vasos de vidrio, los carbones, los vasos de tierra, el horno, los casos e instrumentos de hierro, no pueden reunirse sin nada. Que los torpes sofistas callen sus habladurías, sus impúdicas mentiras que seducen a tanta gente. *Sin nuestro cuerpo perfecto,*[139*h] *nuestra descendencia de Venus y de Diana, que es el oro puro, no se puede obtener ninguna tintura permanente.* Nuestra piedra es, por una parte, respecto a su nacimiento, vil, inmadura y volátil, y por otra parte es perfecta, preciosa y fija: las especies del cuerpo y del espíritu son el Sol y la Luna, el oro y el azogue.[140, 141*i]

138.*g «(...) pues entonces está vivo, animante, espiritualizante, generativo, prolífico y multiplicativo». (B. Ph. Ch.)

139.*h «*Sin* nuestro cuerpo perfecto que es nuestro bronce, o sea el oro...». (B. Ph. Ch.) El fragmento en cursiva no aparece en Teófilo.

140. *Argentum vivum*: «azogue», aunque literalmente es «plata viva».

141.*i «Estas dos especies son el cuerpo, que es el oro, y el espíritu, que es el azogue o Mercurio filosófico». (Teófilo)

XVIII

DEL HORNO O ATANOR FILOSÓFICO

I

Se ha hablado del Mercurio, de su preparación, proporción y virtud; también del azufre, de su necesidad y uso en nuestra obra. He enseñado cómo había que prepararlos y de qué manera se tenían que mezclar. También hablé mucho del vaso donde tenían que sellarse.[142] Pero te advierto que hay que entender todo esto con un grano de sal, no sea que, procediendo al pie de la letra, te suceda a menudo errar.

II

Sin embargo, hemos explicado con una claridad desacostumbrada estas sutilidades filosóficas, pero si no has vislumbrado las numerosas metáforas contenidas en los capítulos anteriores, no recogerás otra cosecha que la pérdida de tiempo, el gasto y la fatiga. Por ejemplo, cuando dije sin ninguna ambigüedad que uno de los principios era el Mer-

---

142. Literalmente, «encerrarse con sello».

curio y el otro el Sol, que uno se vendía vulgarmente y que el otro era fabricado por nuestro arte, si no sabes cuál es el último, ignoras el sujeto de nuestros secretos; pero puedes, en su lugar, trabajar sobre el Sol vulgar; ten cuidado, sin embargo, de comprender el sentido de lo que digo, porque nuestro Sol es un oro de buena calidad, que resiste a todo examen, por lo que puede venderse (una vez reducido a metal) sin escrúpulo.[143*a]

III

Sin embargo, nuestro Oro no podría comprarse a ningún precio, aun cuando quisieras dar por él una corona o un reino, pues es un don de Dios. Efectivamente, nuestro Oro no puede llegar a nuestras manos perfecto (al menos comúnmente), porque para ser nuestro ha de ser el fruto de nuestro Arte. Puedes también, si buscas bien, buscar y encontrar el Sol y la Luna vulgares. Pues nuestro Oro es la materia más próxima de nuestra piedra, el Sol y la Luna vulgares,[144*b] la cercana, y los demás metales la remota. En

---

143.[*a] «(...) fabricado por nuestro arte; debes saber que nuestro Mercurio da el Oro de sí mismo, y si no sabes qué es el sujeto de nuestros secretos, no tienes más que venderlo por oro vulgar, siendo verdadero Oro ante toda clase de pruebas. Por lo tanto, se puede vender públicamente una vez reducido a metal por la vía; al objeto de su proyección sobre los metales imperfectos, pero comúnmente no se le encuentra para comprobarlo, al precio que fuese». (B. Ph. Ch.)

«(...) se puede vender al vulgo, pero no comprar al vulgo, porque para que sea nuestro, necesita de nuestro arte». (Teófilo)

144.[*b] «Puedes también, sin embargo, buscarlo y encontrarlo mediante nuestro arte en el Oro y la Plata vulgares. Si quieres trabajarlos metódicamente con nuestra agua, su principio». (B. Ph. Ch.)

cuanto a los elementos no metálicos, (son una materia) muy alejada e incluso totalmente extranjera.

IV

Yo mismo lo he buscado y encontrado en el Sol y la Luna vulgares. Pero es un trabajo mucho más fácil hacer la piedra de nuestra materia que extraer nuestra verdadera materia de cualquier metal vulgar. Nuestro Oro es, en efecto, un Caos cuya alma no huye a causa del fuego,[145] mientras que el oro vulgar es verdaderamente un cuerpo cuya alma debe, para protegerse de la tiranía del fuego, refugiarse en un lugar bien fortificado. *Esto es lo que hace decir a los Filósofos que el fuego de Vulcano*[146]*es la muerte artificial de los metales, porque todos los que han pasado por la fusión, han perdido en ésta su misma vida; por lo tanto, si sabes aplicarla con ingenio, ya sea a tu cuerpo imperfecto, ya al dragón ígneo, no necesitas otra llave para todos nuestros arcanos.*[147*c]

«Puedes, en el Sol y la Luna vulgar, hallar nuestro Sol, pero no es obra fácil. Más fácil es hacer la piedra que hallar la primera materia de la piedra en el Oro que se compra». (Teófilo)

145. *«Cujus anima per ignem nonfugata est»*. Lenglet du Fresnoy traduce que «el fuego no hace evaporar su alma», aunque su traducción peca quizá de demasiado libre, creemos que, en este caso, citándola, se puede matizar el sentido de la frase.

146. Vulcano era, entre los griegos, el dios de los herreros y de aquellos que trabajaban los metales. Para los Alquimistas era símbolo del fuego filosófico.

147.*c* «Si tienes el espíritu de aplicarte a conocer lo que te digo, no necesitas otra llave más que el oro vulgar, que es tu cuerpo imperfecto, y el Dragón ígneo, que es nuestra agua acuosa, con la cual este oro se debe casar para espiritualizarse y astralizarse». (B. Ph. Ch.)
Teófilo no traduce el párrafo en cursiva.

V

Pero si buscas nuestro Sol en una sustancia media entre lo perfecto y lo imperfecto, puedes encontrarlo; después de esto, disuelve el cuerpo del Sol vulgar,[148*d] lo cual es un trabajo de Hércules[149] y que se llama nuestra primera preparación, por la que se disuelve el encantamiento que vencía a este cuerpo y le impedía desarrollar su papel de macho. Si sigues la primera vía, necesitas emplear un fuego muy suave de principio al final; si sigues la segunda, has de implorar la ayuda del tórrido Vulcano, es decir, que necesitas emplear el mismo fuego que administramos en la multiplicación, cuando el Sol corporal y la Luna vulgar sirven de fermento al Elixir para perfeccionarlo. Será un verdadero laberinto para ti, del que no saldrás si no eres prudente.

VI

Cualquier proceso que sigas, ya sea con el Sol vulgar, ya sea con el nuestro, te será necesario operar con un calor igual y continuo. Has de saber también que tu Mercurio en ambas obras, aunque sea radicalmente uno, es diferente en cuanto

---

148.*d «(…) desata o disuelve los impedimentos del Oro vulgar». (Teófilo)

149. Muchos Alquimistas coinciden en que la preparación de la materia es un trabajo de Hércules, debido a su dificultad (véase nota 1, cap. VII). En general, los trabajos de Hércules representan las diferentes operaciones de la Gran Obra. Véase, a este respecto, el tratado de Pierre-Jean Fabre, *Hercules piochymicus,* y el libro 5 de *Les Fables Egyptiennes et Grecques dévoilées* de Dom Pernety. (Hay traducción española en esta misma colección, Ediciones Obelisco, Rubí, 2023).

a su preparación,[150*e] y tu piedra, con nuestro oro, es perfecta dos o tres meses antes de que nuestra primera materia haya sido extraída del Sol o de la Luna vulgares, y que el Elixir de uno estará en su primer grado de perfección y con mayor virtud que el otro en la tercera rotación de la rueda.[151, 152*f]

VII

Además, si trabajas con nuestro Sol te será preciso hacer *cebación,* la imbibición y la fermentación, que harán crecer su fuerza hasta el infinito; en la otra obra necesitas primero iluminarlo e *incerarlo,* como lo explica abundantemente el Gran Rosario.[153]

VIII

Finalmente, si operas sobre nuestro Oro, puedes calcinar, putrificar y purificar con un fuego intrínseco muy suave de la naturaleza, con la ayuda exterior de un baño vaporoso

---

150.*e Teófilo no traduce este fragmento.

151. La rueda se refiere a la serie de operaciones que componen la Obra Hermética. Cada rotación corresponde a un paso o a una operación. Según Pernety, girar la rueda es observar el régimen del fuego, y hacer la circulación de la rueda es volver a comenzar la serie de operaciones.

152.*f «(...) que el del otro en la tercera circulación». (B. Ph. Ch.)
   «(...) mientras que en el otro aún no será centenaria». (Teófilo)

153. Se trata del *Rosarium* de Arnau de Vilanova, que nuestro autor llama «Gran Rosario» para no confundirlo con el *Rosarius minor,* de autor incierto, que aparece en el *Volumen tractatuum scriptorum rariorum de Alchemia,* in 4º, Worimbergal, 1541. Las ediciones del *Gran Rosario* son muy numerosas.

como el del estiércol.[154*g] Pero si trabajas sobre el Sol vulgar, necesitas por sublimación y ebullición, adaptar ciertas materias, luego unirlas con la leche de la Virgen.[155] Pero sea cual sea el camino que sigas, no podrás llegar a nada sin fuego. No es pues en vano que el verídico Hermes establece, al lado del Sol padre y de la Luna madre, al fuego, como el tercero y próximo gobernador de todo. Pero todo esto se refiere al horno secreto que ningún ojo vulgar ha visto jamás.

IX

Existe, sin embargo, otro horno, al que llamamos común, que es nuestro Enrique el Lento,[156] hecho de ladrillos o de tierra de alfarero, o de laminillas de hierro y de bronce bien revestidas con tierra de alfarero. Llamamos Atanor a este horno, cuya forma, una torre con un nido, me gusta mucho. Esta torre ha de tener aproximadamente dos pies, o un poco más de altura, y de diámetro interior nueve pulgadas o un palmo común; entre las láminas, aproximadamente dos pulgadas de espesor, abajo, de cada lado. La parte baja, conteniendo el fuego, hecha con tierra de alfarero, será más

---

154.*g «(...) solamente ayudando el fuego benigno e intrínseco con un fuego lento como de rocío, administrado de la parte de afuera». (Teófilo)

155. La «leche de la Virgen» es para la mayoría de los Filósofos un sinónimo del Mercurio de los Sabios.

156. Para Dom Pernety, Enrique el Perezoso es otro nombre para designar el Atanor.

espesa que la parte superior, disminuyendo siempre de una manera insensible hasta la parte superior.[157*h]

X

Encima del suelo, o fundamento del horno, debe haber una pequeña puerta para sacar las cenizas, de tres o cuatro pulgadas de altura, o un poco más; allí se colocará una pequeña parrilla[158] con una piedra que se le adaptará; un poco más arriba del enrejado,[159] a la altura de una pulgada, habrá dos agujeros para permitir el acceso al nido, completamente cerrado junto al lado de la torre. Los agujeros tendrán un diámetro aproximado de una pulgada, y el nido, una capacidad de tres o cuatro huevos de vidrio, pero no más. La torre y el nido no han de tener la menor fisura. El nido no ha de descender más abajo del disco, pero el fuego puede alcanzar directamente al disco, y salir por dos, tres, o cuatro agujeros. El nido ha de tener también en su cima una tapadera con una pequeña ventana en la que pueda aguantarse un vidrio de más o menos un pie de alto, o bien, de otro modo, ha de estar perforado.[160*i]

157.[*h] «Esta torre debe medir dos pies de altura y nueve dedos de ancho o un palmo; el espesor de los muros debe ser de dos dedos por todos lados, de modo que, a medida que se eleva, vaya disminuyendo, basta un diámetro de abertura en la superficie de siete u ocho dedos». (B. Ph. Ch.) Teófilo no describe las proporciones del Atanor.

158. *Craticula*: pequeña parrilla en forma de reja.

159. *Crate*: se refiere a la parrilla antes citada.

160.[*i] «Será en este nido donde se colocará erguido el vaso filosófico, de cerca de un pie de altura. Es necesario que haya un espacio vacío entre la parrilla y la base del recipiente». (B. Ph. Ch.)

XI

Dispuesto de este modo, colocar el horno en un lugar clareado e introducirle carbones por arriba; primero, carbones ardientes; luego, otros y, finalmente, para que no se forme ninguna entrada de aire, tapar la cima, que se protegerá con cenizas tamizadas. En un horno como éste podrás llevar a cabo la obra desde el principio hasta el final.

XII

Sin embargo, si fueras curioso, podrías encontrar otros caminos para administrar el fuego conveniente.[161*j] Dispón pues el Atanor de manera que, sin mover el vidrio, puedas aplicar a voluntad cualquier grado de calor, desde el calor de la fiebre hasta el de un pequeño reverbero, o el de un fuego rojo oscuro, de manera que, incluso en este grado tan elevado, el fuego pueda durar por sí mismo al menos ocho o diez horas sin que tengas que suministrar carbón; *trabajar menos tiempo exigiría luego más trabajo. Entonces se te abre la primera puerta.*[162*k]

161.*j «(…) el fuego conveniente, sin carbones, debe ser húmedo, digerente, suave, sutil, encerrado, aéreo, circulante, envolvente, alterante, sin llama, lineal, igual y continuo». (B. Ph. Ch.)

162.*k Teófilo no traduce este fragmento en cursiva.

XIII

Pero cuando estés verdaderamente en posesión de la piedra, te será útil hacer este horno portátil (como yo mismo lo he hecho) para poder desplazarlo fácilmente, ya que las otras operaciones no son ni tan difíciles ni tan laboriosas, sino muy breves, no requiriendo un gran horno, que sería difícil de transportar incluso si, con la costumbre, vas un poco más deprisa en prepararlo y poner los carbones con menos humo, durante el espacio de una semana o máximo dos o tres, durante el tiempo de la multiplicación.[163*1]

163.[*1] «(...) porque las otras operaciones no serán tan difíciles ni tan laboriosas, pues son más cortas, y no exigen un gran horno, que sería difícil de transportar. Entonces, hace falta menos tiempo y un fuego natural mucho más suave para multiplicar la piedra, lo que se consigue tal vez en una semana o, como mucho, en dos o en tres». (B. Ph. Ch.)

«(…) porque con menos tiempo y con más benigno fuego de la Naturaleza, una vez hecha la Piedra, se multiplicará». (Teófilo)

XIX

DEL PROGRESO DE LA OBRA DURANTE LOS CUARENTA PRIMEROS DÍAS

I

Preparados nuestro Mercurio y nuestro Sol, enciérralos en nuestro vaso y rígelos con nuestro fuego, y a los cuarenta días verás a toda la materia convertida en una sombra, o en átomos, sin ningún motor ni movimiento visible, ni calor apreciable al tacto, a menos que la materia esté caliente.

II

Verdaderamente, si el misterio de nuestro Sol y de nuestro Mercurio permanece hasta este momento oculto para ti, no trabajes por más tiempo pues sería para ti un gasto inútil. Sin embargo, si aún no conoces en toda su extensión el proceso de invención de nuestro Sol, pero has alcanzado el conocimiento de nuestro Mercurio, sabiendo después de qué modo la preparación debe ser unida al cuerpo perfecto,[164*a] lo que es un gran misterio, coge una

---

164.*a «(…) como el oro, en su preparación, debe de ser unido al cuerpo perfecto. (B. Ph. Ch.)

parte de Sol vulgar bien purificada y tres partes de nuestro Mercurio previamente iluminado, únelas, como se ha dicho más arriba, e imponles un fuego, dándole calor, en el que hierva y sude. Que este sudor circule sin interrupción día y noche durante noventa días y verás a este Mercurio disgregar y reunir a todos los elementos del Sol vulgar; luego, hazlo hervir otros cincuenta días y verás que en esta operación tu Sol vulgar se convierte en nuestro Sol, que es una medicina de primer orden.[165]

III

Entonces ya es nuestro azufre, pero aún no tiñe, y créeme que tal es la vía que numerosos Filósofos han seguido y han alcanzado la verdad. Es una vía muy fastidiosa, hecha para los magnates de la tierra porque, una vez obtenido este azufre, no creas poseer la piedra, sino solamente su verdadera materia, que es una cosa imperfecta, y que puedes buscar y encontrar en una semana por nuestra vía fácil y rara que Dios ha reservado para sus pobres despreciados y sus santos humildes.[166*b]

---

165. Los Alquimistas distinguen tres órdenes de Medicinas, siendo la de primer orden la adecuada para actuar sobre el reino mineral. También dan el nombre de Medicina –según Pernety– a las distintas operaciones de la Obra, correspondiendo ésta a la preparación de la piedra.

166.*b «(...) cosa imperfecta con la que, sin embargo, puedes, en menos de una semana, buscar y encontrar esta piedra por una vía fácil y rara que nos es propia». (B. Ph. Ch.)

IV

He decidido hablar ampliamente de esta cosa, aunque al principio del libro haya creído tener que sepultarla en un profundo misterio. Este es el mayor sofisma de todos los Adeptos; algunos hablan del oro y de la plata vulgar y dicen verdad; otros niegan la misma cosa y dicen verdad. Yo, conmovido por la caridad, tenderé la mano, e interpelo a todos los Adeptos y les acuso de envidia. Yo también estaba decidido a seguir el camino de la envidia, pero DIOS me ha desviado de mi decisión: ¡que sea santificado eternamente!

V

Digo, pues, que las dos vías son ciertas, pues no es más que una sola vía al final, y no al principio.[167] Pues todo nuestro secreto se encuentra en nuestro Mercurio y en nuestro Sol. Nuestro Mercurio es nuestra vía, y sin él no se hará nada. Del mismo modo, nuestro Sol no es el oro vulgar y, sin embargo, en el oro vulgar se encuentra nuestro Sol, de otro modo, ¿cómo serían homogéneos los metales?

---

167. Muchos Filósofos nos hablan de dos vías posibles para realizar el Magisterio, aunque no acostumbran a ser claros cuando se refieren a ellas. Filaleteo nos dice que «no es más que una sola vía al final». *La refutación del anónimo Pantaleón*, curioso tratado del siglo XVII, dice que «todo el Magisterio se realiza de una sola cosa, por una sola vía, una sola disposición, y un solo acto». En *El Mensaje Reencontrado* (XXXI-41), leemos: «La luz de la vida, ¿no ha salido de la unión del cielo y de la tierra? Y las dos vías de Dios, ¿no se encuentran unidas milagrosamente en ella sola?».

VI

Si conocieras el método para iluminar a nuestro Mercurio como se debe, podrías unirlo al oro vulgar en el lugar de nuestro Sol (nota sin embargo que la preparación del Mercurio debe ser diferente al Sol utilizado). Con el régimen debido, en el espacio de ciento cincuenta días tendrás nuestro Sol. Nuestro Sol, en efecto, proviene naturalmente de nuestro Mercurio.[168*c]

VII

Si el oro vulgar fuera disgregado en sus elementos por nuestro Mercurio, y fueran luego unidos de nuevo, toda la mixtura, gracias a la acción del fuego, se convertiría en nuestro Oro; unido luego al Mercurio que hemos preparado, y que llamaremos nuestra leche de Virgen, este oro cocido te dará ciertamente todos los signos descritos por los Filósofos, a condición de que el fuego sea como ellos escribieron.

VIII

Pero si a nuestra decocción de oro vulgar (por puro que sea) le pusieras el mismo Mercurio que suele unirse a nuestro Sol, aunque para hablar generalmente los dos provienen

---

168.*c «Y si trabajas en nuestro Mercurio con el oro vulgar, y con el debido gobierno del fuego, de éstos tendrás nuestro oro, dentro de ciento cincuenta días, porque nuestro Sol es, o se saca, de nuestro Mercurio». (Teófilo)

de la misma raíz, y si les aplicas el mismo régimen de calor que los Sabios dicen haber aplicado a nuestra piedra en sus libros, estás ciertamente en la vía del error: es el gran laberinto donde caen casi todos los principiantes, porque los Filósofos hablan en sus libros de dos vías que en verdad no son más que fundamentalmente una, que es más directa que la otra.

IX

Así pues, aquellos que hablan del Sol vulgar, como lo hacemos alguna vez en este tratadillo, y como lo han hecho Artefio, Flamel, Ripley y muchos otros, no lo entendemos de otro modo que este: que el Sol filosófico debe hacerse del Sol vulgar y de nuestro Mercurio, y que este Sol, por una reiterada licuefacción, dará un azufre y un azogue (*argentum vivum*) fijo, incombustible, y una tintura[169] a toda prueba.

X

Igualmente, y según esta manera de comprender, nuestra piedra está en todos los metales y minerales ya que se puede, por ejemplo, extraer de éstos al Sol vulgar, del que se saca fácilmente nuestro Sol próximo. Nuestro Sol se encuentra en todos los metales vulgares, pero está más cerca en el oro y en la plata. Por ello, Flamel dice que algunos

---

169. *Tingeus*: «que tiñe». Se refiere al azogue.

han trabajado en Júpiter, otros en Saturno; yo digo, en verdad, que trabajé en el Sol y lo encontré.

XI

Hay, sin embargo, en el reino metálico Una Cosa[170] de admirable origen, en la que nuestro Sol está más cercano que en el Sol y en la Luna vulgares; si la buscas en la hora de su nacimiento,[171*d] ésta funde en nuestro Mercurio como el hielo en agua tibia y es, sin embargo, en cierto modo semejante al oro. Esto no aparece en la manifestación del Sol vulgar, sino por la revelación de lo que está escondido en nuestro Mercurio; éste es nuestro Oro, buscado por el camino más largo, pero no tan potente todavía como el que la naturaleza nos ha dejado.

XII

Sin embargo, en la tercera rotación de la rueda, hallarás lo mismo en los dos; esto, sin embargo, con la diferencia de que en el primero lo encontrarás en siete meses, mientras que te hará falta un año y medio, si no dos, para encontrarlo en el segundo. Conozco las dos vías, pero te aconsejo la primera como la más fácil para la gente ingeniosa, y he

---

170. Una Cosa aparece en el texto como UNUM. Notemos que se trata de cuatro letras mayúsculas, y que evoca la idea de unidad.

171.*d «(...) nacimiento; es un azufre solar que se licúa, se resuelve y se funde en nuestro Mercurio, su húmedo radical, como el hielo en el agua tibia...». (B. Ph. Ch.)

descrito la más difícil para no atraer sobre mi cabeza el anatema de todos los Sabios.[172*e]

XIII

Has de saber, pues, que esta es la única dificultad que existe en los libros de los hombres más sinceros: que todos dan variantes a propósito de un solo régimen, y cuando hablan de una operación, enseñan el régimen[173*f] de otra, lo que me ha envuelto durante largo tiempo en una red antes de poder desembarazarme de sus mallas. Por ello declaro que, el calor ha de ser, en nuestra obra, lo más suave posible para la naturaleza, si has comprendido correctamente nuestra manera de operar.

XIV

Y si trabajas con el Sol vulgar, esta obra no es propiamente nuestra obra, sin embargo, conduce a nuestra obra en el tiempo requerido. Hace falta, sin embargo, una decocción bastante fuerte y un fuego proporcionado, luego debe procederse con un fuego más suave, con nuestro Atanor de torre, que es para mí digno de grandes elogios.

172.*e «Sin embargo, estas dos operaciones se siguen y son necesarias, así como la tercera». (B. Ph. Ch.)
173.*f«(…) todos dan el cambio sólo en el régimen». (B. Ph. Ch.)

XV

Por ello, si hubieras operado con el Sol vulgar, procura en el principio de las nupcias de tu Mercurio realizar el matrimonio de Diana con Venus, luego ponlas en un nido, y con el debido fuego verás el emblema de la Gran Obra, a saber: el negro, la cola del pavo real, el blanco, el citrino y el rojo. Entonces, reitera en esta obra con Mercurio, que es llamado leche de Virgen, dándole el fuego del baño de rocío, o como máximo el de arena templada con cenizas, y entonces, no sólo el negro, sino el negro más negro que el negro y toda la negrura, así como el blanco y el rojo perfectos, y esto a través de un proceso suave. *Dios, en efecto, no estaba en el fuego ni en el viento, pero su voz llamó a Elías.*[174*g, 175]

174.*g «(…) dulcemente le atrajo el húmedo radical de la Naturaleza». (B. Ph. Ch.)

Teófilo no traduce este fragmento en cursiva.

175. Véase 1 Reyes 19, 11-13. Hemos creído que no estaría de más citar aquí un curioso pasaje del *Zohar* que comenta esta misteriosa cita: «Al mismo tiempo el Eterno sopló un viento violento e impetuoso, capaz de tumbar a las montañas y de romper las rocas. El Eterno no estaba en este viento». Este viento designa al espíritu antes de la Creación. «Después del viento se hizo un temblor. El Eterno no estaba en este temblor». Este temblor designa al espíritu del demonio después de la Creación, o confundido con la materia la hizo temblar bajo su dominio. El mundo estaba entonces en el estado de «*tohu-bohu*» (Génesis 1, 2). «Después del temblor se encendió un fuego. El Eterno no estaba en este fuego». El fuego designa al fuego sagrado, aunque nebuloso, que separa el espíritu del demonio de la materia, pero que aún no la ha purificado de una forma completa. Este fuego sagrado, llamado «tinieblas», transforma al mundo del estado de *tohu* en el de *bohu*. «Después de este fuego, se oyó una voz dulce y armoniosa. Elías, habiéndola oído, se cubrió el rostro con su manto». Esta voz dulce y armoniosa designa al Espíritu Santo de *Elohim* planeando sobre la faz de las aguas. ¿Por qué sobre la faz de las

XVI

Por este motivo, si conoces el arte, extrae nuestro Sol de nuestro Mercurio y entonces todos los secretos emergerán de una única imagen, lo cual, créeme, es más perfecto que toda la perfección del mundo. Como dice el Filósofo: «Si a partir del Mercurio únicamente, puedes llevar hasta el fin la obra, serás un excelente investigador de la obra». En esta obra nada hay superfluo; todo, gracias al Dios vivo, es convertido en puro, porque la acción se hace en un solo (sujeto).[176*h]

XVII

Pero si comienzas el proceso por la obra del Sol vulgar, tu acción y tu pasión se harán en dos cosas, de las que sólo debe tomarse la sustancia media, desechando las impurezas. Si meditas profundamente esto que brevemente te digo, tendrás la llave que abre todas las contradicciones aparentes que hay entre los Filósofos. Por ello, Ripley enseña a hacer

---

aguas? Porque cuando el mundo estaba en el estado de *bohu,* el espíritu del demonio se parece a las rocas a flor de agua que, escondidas bajo las olas cuando el mar está agitado, reaparecen en la superficie cuando está en calma. Por ello, la Escritura dice: «Y el Espíritu de *Elohim* planea sobre la superficie de las aguas», es decir, tan pronto como la voz dulce y armoniosa se hace oír, el Espíritu Santo de *Elohim* planea sobre la superficie de las aguas y deja las rocas en la imposibilidad de salir del abismo donde las ha relegado (...)». (*Zohar* I-16a)

176.[*h] «(...) que es el Oro Filosófico Solar». (B. Ph. Ch.)

girar la rueda tres veces en el *capítulo de la calcinación,*[177] donde habla expresamente del Sol vulgar; su triple doctrina de las relaciones concuerda con sus proporciones, donde es muy misterioso, porque estas tres proporciones sirven para las tres operaciones.[178*i]

XVIII

Hay una operación muy secreta y puramente natural que se hace en nuestro Mercurio con nuestro Sol, y es a esta operación que deben ser atribuidos todos los signos descritos por los Sabios. Esta operación no se realiza ni con el fuego ni con las manos, sino solamente con un calor interior; el calor exterior no hace más que expulsar el frío y vencer los síntomas.

XIX

Hay una segunda operación en el Sol vulgar y en nuestro Mercurio que se hace con un fuego ardiente[179*i] durante largo tiempo, en el que ambos cuecen mediante Venus, hasta

---

177. Se trata de *Las doce puertas* de Georges Ripley, cuya versión inglesa original se encuentra en el *Theatrum Chimicum Britannicum.* La primera puerta corresponde al capítulo de la calcinación, donde se aprecia la correspondencia entre las rotaciones de la rueda y las diferentes operaciones de circulación de los elementos.

178.*i «(…) pues las tres proporciones sirven para tres obras diferentes y metódicas». (B. Ph. Ch.)

179.*i «Con fuego suave» (B. Ph. Ch.) en lugar de «mediante Venus».

que la pura sustancia de ambos salga, que es el jugo de la Luna. Se recogen estas abyectas impurezas, que sin embargo no son aún la piedra, sino nuestro verdadero azufre, que se cuece con nuestro Mercurio, que es su propia sangre, hasta que es una piedra de fuego muy penetrante y *tingente*.

XX

Finalmente, hay una tercera operación, mixta, mezclándose oro vulgar con nuestro Mercurio, con el debido peso, y añadiéndole el fermento de nuestro azufre en cantidad suficiente. Entonces se realizan todos los milagros del mundo[180] y se hace el Elixir capaz de dar a su poseedor las riquezas y la salud.

XXI

Busca, pues, con todas tus fuerzas nuestro azufre que encontrarás, créeme, en nuestro Mercurio, si el destino te llama a ello.[181] Si no, con el tiempo y el calor debidos, prepara nuestro Sol y nuestra Luna en el Sol vulgar. Pero este camino está lleno de espinas, e hicimos voto ante Dios y ante la equidad de que nunca declararíamos con palabras desnudas los dos regímenes distinguiéndolos. Sin embar-

---

180. Véase la *Tabla de Esmeralda* de Hermes Trismegisto.
181. *«Si fata te vocant»*. Este lema aparece en uno de los emblemas herméticos del Castillo de Dampierre. Fulcanelli, en *Las moradas filosofales*, (Plaza y Janés, Barcelona, 1969) ofrece un interesantísimo comentario del mismo en la pág. 358.

go, juro de buena fe que en las otras cosas he declarado toda la verdad.

XXII

Toma pues este Mercurio que he descrito y mézclalo con el Sol, que es muy amigo suyo, y en siete, nueve o diez meses como mucho de nuestro régimen de calor, verás ciertamente lo que deseas. Ya en el espacio de cinco meses verás nuestra Luna llena. Y estos son los verdaderos términos[182] necesarios para completar este azufre, cuya cocción repetida te dará nuestra piedra y las tinturas, por la gracia de Dios, a quien toda gloria y todo honor sean dados eternamente.[183*k]

---

182. *Termini*: «términos», «límites», pero también «períodos».
183.*k «Y todo ello en un año y medio filosófico». (B. Ph. Ch.)

XX

DE LA LLEGADA DE LA NEGRURA
EN LA OBRA DEL SOL Y DE LA LUNA

I

Si habéis trabajado sobre el Sol y sobre la Luna para encontrar nuestro azufre[184*a] en ellos, examina si tu materia está hinchada como una pasta, hirviendo como el agua o más bien fundida como pez. Porque nuestro Sol y nuestro Mercurio tienen un tipo emblemático en la obra del Sol vulgar con nuestro Mercurio. Espera durante veinte días con el horno encendido,[185*b] tiempo durante el que observarás diversos colores; hacia el final de la cuarta semana, y si el calor ha sido continuo, verás un amable verde que no desaparecerá antes de diez días, aproximadamente.

II

Alégrate entonces, porque ciertamente pronto lo verás todo negro como carbón, y todos los miembros de tu compuesto

---

184.*a «(…) para buscar nuestro azufre, con la ayuda de nuestro Mercurio…». (B. Ph. Ch.)

185.*b «(...) en un calor hirviente». (B. Ph. Ch.)

serán reducidos a átomos. En efecto, esta operación no es otra cosa que la resolución del fijo en el no fijo, a fin de que uno y otro, juntos a partir de ahora, no formen más que una materia única, en parte espiritual y en parte corporal. Por lo que ha dicho el Filósofo: «Toma un perro del Jorasán y una pequeña perra de Armenia, acóplalos y engendrarán un hijo del color del cielo».[186] Porque sus naturalezas, tras una breve decocción, se convierten en un bodrio parecido a la espuma del mar o a una bruma sucia teñida de un color lívido.[187*c]

III

Y te juro de buena fe que nada he ocultado excepto el régimen,[188*d] pero si eres prudente, lo deducirás fácilmente de mis palabras. Así pues, si quieres conocerlo (al régimen), toma la piedra de la que hemos hablado más arriba y llévala como sabes, y seguirán estas cosas admirables. Primeramente, cuando la piedra excitada haya sentido su fuego, el azufre y el Mercurio fluirán juntos sobre el fuego como cera, el azufre se quemará y cambiará su color día a día, y el Mercurio permanecerá incombustible, aunque estará algún tiempo teñido por los colores del azufre, pero no estará

---

186. Se trata probablemente de una cita algo modificada de la *Conversación del rey Calid con el filósofo Morien sobre el magisterio de Hermes* (Tomo II de la B. Ph. Ch., 1672, reed., 1741). Para los Filósofos herméticos, el perro de Armenia es el azufre, y el perro del Jorasán el Mercurio.

187. *c «(…) lívido y negruzco». (B. Ph. Ch.)

«(…) lívido o de plomo». (Teófilo)

188. *d «(...) régimen o gobierno del fuego». (Teófilo)

impregnado, y lavará hasta el fondo al latón de todas sus impurezas. Lleva el cielo sobre la tierra tantas veces como sea necesario hasta que la tierra conciba una naturaleza celeste. ¡Oh santa naturaleza que sola realizas lo que es en el fondo imposible a todos los hombres!

IV

Por ello, cuando hayas visto en tu vaso de vidrio mezclarse las naturalezas como sangre coagulada y quemada, ten por seguro que la hembra ha sufrido los abrazos del macho. Espera diecisiete días después de la desecación de la primera materia a que las dos naturalezas se conviertan en un bodrio grasiento; circularán juntas como una bruma sucia o espuma de mar, como se ha dicho, de un color muy oscuro. Entonces cree firmemente que la progenitura real ha sido concebida, porque a partir de este momento notarás en el fuego y en las paredes del vaso unos vapores verdosos, amarillos, negros y azulados. Estos son los vientos, que son frecuentes cuando se forma nuestro Embrión[189] y que hay que retener cautelosamente para que no huyan y la obra quede reducida a la nada.

V

Fíjate también en el olor, teniendo cuidado de que no se escape por ninguna fisura, pues la fuerza de la piedra sufri-

---

189. Véase la nota 86 del capítulo XVII.

ría por ello una merma considerable. Por ello, el Filósofo manda conservar cuidadosamente el vaso con su ligadura, y te prevengo que no es preciso cesar la obra, ni mover el vaso, ni abrirlo, ni detener en ningún momento la cocción, sino cocer hasta ver extinguirse el humor, lo que ocurrirá al cabo de treinta días. Entonces, alégrate y ten por seguro de que estás en la buena vía.

VI

Vigila pues la obra porque es posible que dos semanas después veas toda la tierra seca y extraordinariamente negra. Entonces se da la muerte del compuesto, los vientos cesarán, y todas las cosas se abandonarán al reposo. Este es el gran eclipse del Sol y de la Luna,[190*e] en el que ninguna de las luminarias resplandecerá sobre la tierra, y el mar desaparecerá. Entonces se hace nuestro Caos, a partir del cual, por mandato de Dios, nacerán todos los milagros del mundo, en el orden que les es propio.[191*f]

190.*e «(...) del Sol, y de la Luna juntos, es decir, del Oro y la Plata que son engendrados por ellos y que tienen la naturaleza de sus predecesores». (B. Ph. Ch.)

191.*f «Pues este es el laberinto de las siete puertas, la hidra de las siete cabezas, el candelabro de siete brazos, el cielo de siete planetas, la fuente de siete metales, el éter de los siete dones de sabiduría y de luz, el Globo de siete espíritus que influyen vida, el Hogar de las siete iluminaciones o sublimaciones, la linterna mágica de las siete operaciones naturales, la Caja de los siete auríficos perfumes olorosos y saludables, y el habitáculo de todos los tesoros celestes en nuestro microcosmos». (B. Ph. Ch.)

XXI

DE LA COMBUSTIÓN DE LAS FLORES Y DE CÓMO EVITARLA

I

No es un leve error, aunque se comete fácilmente, la combustión de las flores[192] antes de que sus tiernas naturalezas hayan sido extraídas en sus profundidades. Este error debe evitarse, particularmente en la tercera semana. En efecto, al principio hay tal copiosidad de humor que, si riges la obra con un fuego más fuerte de lo necesario, el vaso no soportará la abundancia de los vientos y se romperá, a menos que por casualidad tu vaso sea demasiado grande. Pero entonces el humor se dispersará tanto que no podrá volver sobre su cuerpo, por lo menos, no lo suficiente como para restablecerlo.

II

Pero cuando la tierra haya empezado a retener una parte de su agua, como entonces habrá deficiencia de vapores, el

---

192. *Flores*: los Filósofos herméticos dan este nombre a los espíritus encerrados en la materia. Recomiendan dar siempre un fuego suave porque estos espíritus son tan vivos que romperían el vaso, por fuerte que éste fuera, o se quemarían. (Dom Pernety)

fuego podrá ser llevado por encima de sus límites sin inconveniente alguno para el vaso; pero la obra será echada a perder por esta causa y producirá un color de adormidera silvestre, y al final todo el compuesto se convertirá en un polvo seco inútilmente rubificado. Juzgarás por este signo que el fuego ha sido demasiado fuerte, tanto como para haber sido enemigo de la verdadera conjunción.

III

Has de saber que nuestra obra requiere una verdadera mutación de las naturalezas, que no puede hacerse si no se hace la unión de la una con la otra, y no pueden unirse más que en forma de agua. Pues no hay unión de los cuerpos, sino un choque sin que pueda haber unión de un cuerpo y un espíritu en la menor parte;[193*a] pero los espíritus podrán unirse bien entre ellos. Por ello se requiere un agua metálica homogénea, cuyo camino se prepara mediante una calcinación previa.

IV

Sin embargo, esta desecación[194*b] no es una verdadera desecación, sino la reducción en átomos muy sutiles, gracias al tamiz de la naturaleza, del agua mezclada con la tierra, agua

---

193.*a «Por lo que de dos cuerpos no puede haber unión, ni a lo menos contusión, cuanto más que pueda haber unión del cuerpo con el espíritu por partes pequeñas…». (Teófilo).

194.*b «Exsecación». (B. Ph. Ch.)

que exige cierta reducción[195] para que la tierra reciba el fermento transmutatorio del agua. Pero, con un calor más violento del que ha de ser, esta naturaleza espiritual, habiendo sido como golpeada mortalmente por un mazo, de activa se hace pasiva y de espiritual, corporal. Es decir, un precipitado rojo inútil que con el calor debido su color se convertirá en la negrura del cuervo que, aunque es negro, es un color sumamente deseable.

V

Se ve a veces, al principio de la verdadera obra, un color rojo insigne que procede de una copiosidad conveniente de humor, y muestra que el cielo y la tierra se han unido y han concebido el fuego de natura,[196, 197c] por ello todo el interior del vaso se teñirá de un color áureo, y este color no durará, y pronto será engendrado el verde; entonces, espera durante un poco de tiempo el negro y, si eres paciente, verás realizarse tus deseos; avanza lentamente y continúa sin embargo aplicando un fuego válido, y entre Escila y Caribdis,[198] co-

---

195. *Redactio* en el original. Creemos que debe de ser *reductio*.

196. Fuego de natura: raíz o principal ingrediente del compuesto filosófico. Ripley lo llama «Padre del tercer menstruo». Es propiamente el azufre maduro y digerido del oro de los Sabios. (Dom Pernety)

197.c «(…) Por ello dice Hermes que nuestro fuego sulfuroso, unido a nuestro húmedo radical, es este Rey que desciende del Cielo, el alma que es preciso devolver a su cuerpo, y que lo debe resucitar por ello…». (B. Ph. Ch.)

198. Escila es un escollo próximo a Caribdis en el mar de Sicilia. Caribdis es un torbellino en este mismo mar, en el estrecho de Mesina.

mo un experimentado nauta, dirige tu navío, si deseas recoger la riqueza de una y otra Indias.[199]

VI

Algunas veces verás aparecer sobre las olas y sobre los lados como pequeñas islas, espigas y ramilletes de diversos colores, que se disolverán rápidamente y surgirán otros. La tierra, en efecto, ávida de germinación, produce siempre alguna cosa, y algunas veces te imaginarás que ves en el vaso aves, bestias o reptiles y colores agradables a la vista que pronto desaparecerán.

VII

Todo consiste en que continúes constantemente con el fuego debido y todos estos (fenómenos) acabarán en un polvo de un color muy negro[200*d] antes de cincuenta días. Si no, la culpa será de tu Mercurio o de tu régimen, o de la disposición de la materia, a menos que por azar hayas movido o agitado el vaso, lo que te hará alargar la obra o incluso perderla finalmente. [201*e]

---

199. Véase nota 1 del capítulo IV de esta misma obra.
200.*d «(…) en un color negro y en forma de un polvo, cuyas partes no tendrán ninguna unión entre ellas». (B. Ph. Ch.)
201.*e «(…) y nuestra Piedra se sublima, disuelve, hincha, coagula y fija por sí misma, sin interponer las manos para nada». (B. Ph. Ch.)

XXII

DEL RÉGIMEN DE SATURNO.
QUÉ ES Y POR QUÉ SE LLAMA ASÍ

I

Todos los Magos que escribieron sobre este tratado filosófico han hablado de la obra y del régimen de Saturno, lo que muchos entendieron equivocándose y cayeron en diversos errores, algunos a causa de sus prejuicios, otros a causa de una confianza demasiado grande en estos escritos. Han trabajado sobre el plomo, pero con poco provecho. Has de saber que nuestro plomo es más precioso que cualquier plomo. Es el limo donde el alma del oro se junta con el Mercurio para producir luego a Adán y a Eva, su esposa.[202][*a]

II

Por ello, él, el más grande, se ha humillado hasta tal punto de tomar el último lugar, esperando la redención de todos

---

202.[*a] «Es la tierra en la que se junta el alma del Oro con el Mercurio para producir al Sol y a su mujer, la Luna». (B. Ph. Ch)

sus hermanos en su sangre. Así, la tumba donde nuestro rey está sepultado se llama Saturno en nuestra obra, y es la llave de la obra de la transmutación. Feliz aquél que pueda saludar a este planeta de lenta marcha. Ruega a Dios, hermano, que te haga digno de esta bendición, pues no depende de aquél que la busca o la desea, sino únicamente del Padre de las luces.

XXIII

DE LOS DIVERSOS REGÍMENES
DE ESTA OBRA

I

Ten por seguro, estudioso aprendiz, que de toda la obra de la piedra sólo permanece escondido el régimen, del que el Filósofo ha dicho esta verdad: aquél que tendrá su conocimiento científico será honrado por los príncipes y los magnates de la tierra. Y de buena fe te juro que, si este fuera expuesto abiertamente, los mismos necios se burlarían del Arte.

II

De hecho, una vez conocido, todo se reduce a un trabajo de mujeres y un juego de niños: basta con cocer. Por ello los Sabios ocultaron con gran arte este secreto y cree firmemente que yo he hecho lo mismo, aunque parezca que he hablado del grado de calor; sin embargo, como me he propuesto, e incluso prometido, hablar con franqueza en este tratadillo, algo debo hacer para no decepcionar la esperanza y el trabajo de mis estudiosos lectores.

III

Has de saber que nuestro régimen es uno y lineal en toda la obra, esto es, cocer y digerir; y sin embargo este régimen único contiene a muchos otros en sí mismo, que los envidiosos han ocultado bajo diversos nombres y descrito bajo varias operaciones. Nosotros manifestaremos más claramente el candor que hemos prometido, lo que es, en este tema, manifestar un candor insólito.

XXIV

DEL PRIMER RÉGIMEN DE LA OBRA, QUE ES EL DE MERCURIO

I

Hablaremos en primer lugar del régimen de Mercurio, que es un secreto, a propósito del cual ninguno de los Sabios se ha expresado nunca.[203] Estos han comenzado, por ejemplo, en la segunda operación, o régimen de Saturno, y no han mostrado al principiante ninguna luz antes del signo capital de la negrura. En esto ha callado el buen conde Bernardo Trevisano, que enseña en su parábola que el Rey, cuando viene a la fuente, dejando atrás a todos los extranjeros,[204] entra solo en el baño, revestido de un vestido de oro, del que se desembaraza y lo entrega a Saturno, del cual recibe uno de seda negra. Pero no enseña cuánto tiempo pasa an-

---

203. Si los Filósofos, comenzando por Bernardo Trevisano, han hablado poco de la primera parte de la obra, todos coinciden en afirmar que es muy importante. «Pero como el fundamento del secreto consiste en la Primera Parte, los Filósofos, no queriendo divulgar este Secreto, han escrito poco acerca de esta Primera Parte». Bernardo el Trevisano, en *La Palabra Olvidada*.

204. *Extraneis*: literalmente «los de fuera», «de la parte de fuera», «externos».

tes de que se desembarace de este vestido de oro, y pasa por alto todo un régimen de quizás cuarenta o cincuenta días, tiempo durante el que, sin un guía, los pobres principiantes caen en experimentos inciertos. Desde la llegada de la negrura hasta el final de la obra, sin duda el Artista es reconfortado por nuevos signos que aparecen, pero reconozco que sin un guía es fastidioso errar durante cincuenta días, sin indicaciones ni garantías.

II

Por ello digo que, desde la primera ignición hasta la negrura, todo el intervalo de tiempo es el régimen de Mercurio; del Mercurio filosófico, que opera solo durante todo este tiempo, permaneciendo muerto su compañero hasta el momento conveniente, y esto nadie lo ha declarado antes que yo.

III

Por lo cual, una vez unidos (*conjunctis*) los materiales, que son el Sol y nuestro Mercurio, no creas como los alquimistas vulgares que la puesta de Sol llega pronto.[205*a] Ciertamente no. Mucho esperamos antes de que se hiciera la tolerancia (*patientia*) entre el agua y el fuego, y esto lo han enseñado brevemente los envidiosos cuando en la primera operación han llamado a su materia Rebis, esto es, confec-

---

205.*a «(…) que el Occidente o disolución del oro llega pronto». (B. Ph. Ch.)

cionada con dos cosas, como dice el poeta:[206*b] *Rebis es una cosa compuesta de dos, pero sin embargo es una. Se disuelve para que los primeros espermas sean o Sol o Luna.*

IV

Ciertamente, has de saber que, aunque nuestro Mercurio devore al Sol, no es de la forma que creen los filosofastros químicos. Porque, aunque juntaras el Sol con nuestro Mercurio después de una espera de un año, recuperarás al Sol intacto y en plena posesión de su virtud primitiva si no lo has cocido en el grado de calor que le es conveniente. Aquél que afirme lo contrario, no es un Filósofo.

V

Se imaginan, aquellos que están en la vía del error, que disolver los cuerpos es operación tan fácil que creen que el oro inmerso en el Mercurio de los Sabios debe ser devorado en un abrir y cerrar de ojos, entendiendo mal el pasaje del conde Bernardo Trevisano, donde habla de su libro de oro irrecuperablemente inmerso en la fuente. Aquellos que sudaron en la disolución de los cuerpos pueden atestiguar sobre la verdadera dificultad de esta operación. Yo mismo, que a menudo he sido testigo ocular, atestiguo que es necesaria una gran sutileza para regir el fuego después de la pre-

---

206.*b En la versión de Teófilo no se incluyen los versos.

paración de la materia, a fin de disolver debidamente los cuerpos sin quemar sus tinturas.

VI

Atiende pues a mi doctrina, toma el cuerpo que te he mostrado y ponlo en agua de nuestro mar,[207*c] y cuécelo con el fuego continuo que le conviene hasta que asciendan el rocío y las nubes, y caigan en forma de gotas, noche y día, sin interrupción. Has de saber que el Mercurio asciende por esta circulación a su naturaleza primitiva, hasta que, después de largo tiempo, el cuerpo empieza a retener un poco de agua, y así participan mutuamente de sus cualidades.[208*d]

VII

Pero como toda el agua no asciende por sublimación y permanece aún una parte de ella con el cuerpo en el fondo del vaso, por esto el cuerpo es continuamente hervido y filtrado en esta agua, mientras que las gotas, al caer, perforan[209] la masa residual, y el agua es hecha más sutil por esta circulación continua, y finalmente extrae delicada y suavemente el alma del Sol.

207.[*c] «(…) y que no pierda el calor que ha adquirido previamente durante el gran número de meses que ha sido trabajado y dispuesto». (B. Ph. Ch.)

208.[*d] «(…) es decir, que el cuerpo comunica su fijeza al agua, y ésta hace partícipe de su volatilidad al cuerpo». (B. Ph. Ch.)

209. *Cribatur*: literalmente es «cribado» o «tamizado».

VIII

Así, mediante el alma, el espíritu se reconcilia con el cuerpo y la reunión de ambos se realiza en el color negro, y esto, como mucho, al cabo de cincuenta días. Se dice que esta operación es el régimen de Mercurio, ya que el Mercurio circula elevándose, mientras que en él hierve el cuerpo del Sol, abajo; y este cuerpo en esta operación es pasivo hasta el momento de la aparición de los colores, que aparecen parcamente después de más o menos veinte días de una ebullición firme y continua. Después los colores se refuerzan y se multiplican y varían hasta la perfección en el negro muy negro que te será dado en el cincuentavo día, si los astros te llaman.[210]

---

210. *«Si te fata vocant»,* ver nota 106 del capítulo XIX.

XXV

DEL SEGUNDO RÉGIMEN DE LA OBRA, QUE ES EL DE SATURNO

I

Acabado el régimen de Mercurio, cuyo trabajo consiste en despojar al Rey de sus vestiduras de oro, agitar y extenuar al león con varios combates hasta la más grande fatiga, aparece el próximo, que es el régimen de Saturno. En efecto, DIOS quiere, para llevar a buen término la obra, y es la ley de esta escena, que la salida de uno sea la entrada de otro; la muerte de uno, el nacimiento de otro.[211*a] Apenas el Mercurio ha terminado su régimen, entra su sucesor Saturno, que obtiene justamente la sucesión en el imperio. Al morir el león, nace el cuervo.[212*b]

211.[*a] «(...) es la regla de esta tragedia, que cuando uno de los personajes se retira del teatro, el otro, a su vez, entra, y que habiendo uno hecho su papel, empieza el otro el suyo. La ley de la naturaleza es que la muerte física de un ser es la vida de otro, y la corrupción de éste es la generación de aquél. La vida se perpetúa bajo diferentes formas, sucesivas la una a la otra, por una continua metamorfosis. Apenas...». (B. Ph. Ch.)

212.[*b] «(...) el cuervo de buen augurio». (B. Ph. Ch.)

II

Este régimen es también lineal respecto al color, puesto que no hay más que un color, el negro perfecto; ya no se ve ni humo, ni viento, ni ningún síntoma de vida y ora está seco el compuesto, ora forma una especie de polvo fundido. ¡Oh triste espectáculo, imagen de la muerte eterna, pero qué agradable mensajero conductor para el Artista! pues no es una negrura común, sino brillante, más que el más intenso de los negros. Y cuando veas a tu materia hinchándose en el fondo del vaso, como una pasta, alégrate: es que allí está encerrado el espíritu vivificante, y cuando lo juzgue oportuno, el Todopoderoso dará vida a estos cadáveres.[213*c]

III

Al menos tú cuida del fuego que has de regir con sano juicio, y te juro de buena fe que, si a fuerza de aumentarlo, hicieras sublimar alguna cosa en este régimen, perderás irrecuperablemente toda la obra. Estate pues contento con el buen Trevisano de ser retenido en la cárcel durante cuarenta días y cuarenta noches, y permite que permanezca la tierna materia en el fondo, que es el nido de su concepción. Ten por seguro que, transcurrido el período determinado por el Todopoderoso para esta operación, el espíritu resurge glorioso y glorificará a su cuerpo, ascenderá, digo,

---

213.[*c] En la versión de la *Biblioteca de los filósofos químicos* no aparece el final del apartado II.

y circulará suavemente, sin violencia, y ascenderá desde el centro hasta los cielos y *redescenderá* de los cielos al centro, recogiendo la fuerza de lo superior y de lo inferior.[214]

---

214. Véase el paralelismo con la *Tabla de Esmeralda* de Hermes Trismegisto: «(…) asciende de la tierra al cielo y de nuevo desciende a la tierra y recibe la fuerza de las cosas superiores e inferiores».

XXVI

DEL RÉGIMEN DE JÚPITER

I

Al negro Saturno le sucede Júpiter, que es de un color diferente, pues después de la putrefacción necesaria y de la concepción hecha en el fondo del vaso, por la voluntad de DIOS, verás de nuevo colores cambiantes y una sublimación circulante. Este régimen no es largo, no dura más de tres semanas. Durante este tiempo aparecerán todos los colores imaginables, de los que no se puede dar ninguna referencia cierta. Las lluvias se multiplicarán a lo largo de estos días y, finalmente, después de todo ello, se mostrará en las paredes del vaso una blancura bellísima a la vista, en forma de estrías o cabellos.

II

Entonces, alégrate, pues ha terminado felizmente el régimen de Júpiter. La prudencia debe ser en este régimen la mayor posible. Para que las crías de los cuervos, cuando hayan dejado el nido, no entren en él de nuevo. También para no extraer el agua con tan poca moderación que le falte a la tierra que quede y sea árida e inútil en el fondo del vaso. En tercer lugar, para no regar la tierra excesivamente hasta el punto de ahogarla. Todos estos errores los remediará[215] un buen régimen de calor exterior.

---

215. *Sucurret*: «socorrer», «remediar». Preferimos esta traducción literal al «aliviará» de Lenglet du Fresnoy, que traduce *erronibus* («errores») por «inconvenientes».

XXVII

DEL RÉGIMEN DE LA LUNA

I

Después de estar totalmente terminado el régimen de Júpiter, al final del cuarto mes te aparecerá el signo de la Luna creciente, y has de saber que todo el régimen de Júpiter estuvo consagrado a blanquear el latón.[216] El espíritu que limpia es muy blanco en su naturaleza, pero el cuerpo limpiado es de un negro negrísimo. En este tránsito del negro al blanco aparecerán todos los colores intermedios, y cuando estos desaparecen, todo se vuelve blanco; un blanco que no es de una blancura deslumbrante desde el primer día, pero que aparece muy gradualmente del blanco al blanquísimo.

II

Y has de saber que en este régimen todo se vuelve, a la vista, tan líquido como el azogue (*argenti vivi*), y a esto se le lla-

---

216. Un conocido adagio hermético declara: «Blanquead el Latón y romped vuestros libros». (*Codex Veritatis*)

ma la sigilación (*sigillatio*) de la madre en el vientre de su hijo, que ella ha engendrado; hay en el régimen varios colores, momentáneos, bellos y que desaparecen rápidamente, pero más cercanos al blanco que al negro, del mismo modo que en el régimen de Júpiter participaban más del negro que del blanco. Has de saber que el régimen de la Luna será acabado en tres semanas.

III

Antes de que acabe, el compuesto revestirá mil formas. Pues creciendo los ríos antes de toda coagulación, se licuará y se coagulará cien veces por día. Algunas veces aparecerá como ojos de pescado; otras, imitará la forma de un árbol de plata pura con ramas y follaje. En una palabra, estarás a cada momento estupefacto y admirado por todo lo que verás.

IV

Y finalmente, tendrás unos granos muy blancos, tan finos como átomos de Sol, más bellos de lo que nunca vio ningún ojo humano. Demos gracias inmortales a DIOS nuestro que ha producido esta obra. Es, en efecto, la verdadera tintura perfecta al blanco, aunque solamente de primer orden y, por consiguiente, de exigua virtud respecto a la virtud admirable que adquirirá por la repetición de la operación.

XXVIII

DEL RÉGIMEN DE VENUS

I

Lo más admirable de todas estas cosas es que nuestra piedra, enteramente perfecta y capaz de dar una perfecta tintura, por su propia voluntad se humilla de nuevo y prepara, sin que ninguna mano le ayude, una nueva volatilidad. Pero si la retiras de su vaso, la misma piedra, encerrada de nuevo en otro, se enfriará y en vano intentarás llevarla más lejos. La razón demostrativa de ello, ni yo ni ningún Filósofo antiguo podemos dártela, sino que tal es la voluntad de DIOS.

II

Al menos en este régimen presta atención a tu fuego, pues es la ley de la piedra perfecta para que sea fusible; por ello, si aumentaras un poco tu fuego, la materia se vitrificaría y se pegaría a las paredes del vaso y no podrías seguir. Y ésta es la vitrificación de la materia contra la que tantas precauciones toman todos los Filósofos y que, antes y después de que sea perfecta la obra al blanco, les suele llegar accidentalmente a los incautos; se corre este riesgo pasado la mitad del régimen de la Luna y el séptimo o el décimo día del régimen de Venus.

III

Por ello se tiene que aumentar muy poco el fuego, para que el compuesto no se vitrifique, es decir, que no se licúe pasivamente como cristal, mientras que con un calor benigno, se licuará por sí mismo, se hinchará y, por la voluntad de DIOS, será dotado de un espíritu que volará hacia arriba (*sursum volabit*) y llevará consigo a la piedra, y le dará nuevos colores, primero el verde de Venus, que durará bastante tiempo, no desapareciendo totalmente hasta al cabo de veinte días, a continuación vendrá el azul y el color amoratado y después, hacia el final del régimen de Venus, un púrpura pálido y oscuro.

IV

Ten cuidado en esta operación, no irrites demasiado al espíritu, porque es más corporal que antes y, si lo dejas escapar hacia lo alto del vaso, difícilmente te bajará por sí mismo. Esta precaución debe ser observada en el régimen de la Luna, cuando el espíritu comenzará a espesarse; entonces se le tratará suavemente y no con violencia para que no se fugue hacia lo alto del vaso y que lo que está en el fondo se queme, o al menos se vitrifique, y conduzca a la destrucción de la obra.

V

Cuando hayas visto el color verde, has de saber que contiene una virtud germinativa. Entonces, ten cuidado con ello, no sea que un calor excesivo haga degenerar este verde a ncgro, y rige el fuego con prudencia: tendrás acabado este régimen después de cuarenta días.

XXIX

DEL RÉGIMEN DE MARTE

I

Terminado el régimen de Venus, cuyo color es básicamente verde, algo enrojecido de púrpura oscuro, algunas veces amoratado, habrán crecido durante este tiempo, en el árbol filosófico, ramas de diversos colores, con hojas y ramas; le sucede el régimen de Marte, que algunas veces es amarillento, un amarillo diluido de marrón[217*a] y que exhibe gloriosamente los colores transitorios del Iris y del Pavo Real.

II

Entonces el estado de la composición se hace más seco y la materia toma formas variadas y fantasmagóricas. El color que aparece más a menudo es el de jacinto, con un toque dorado. Es aquí cuando la madre sellada en el vientre de su hijo surge y se purifica; y esta pureza donde se baña el com-

---

217.*a «(…) algo anaranjado, mezclado de un amarillo tirando a pardo o limón…». (B. Ph. Ch.)

puesto es tal que hace que la podredumbre se evapore (*exudet*). Pero los colores que sirven de base a todo este régimen son oscuros, habiéndolos, sin embargo, de tanto en tanto, muy agradables de ver.

III

Has de saber que nuestra tierra virgen sufre su última labor para que se siembre y madure en ella el fruto del Sol,[218*b] continúa pues con el calor conveniente y, ciertamente, verás, hacia el trigésimo día de este régimen, aparecer un color citrino[219*c] que, dos semanas más tarde de su primera manifestación, lo imbuirá todo con su color citrino.

218.[*b] «(…) es decir el Oro, sea sembrado y muera». (B. Ph. Ch.)

«(…) color flavo o rubio deslavado como un vidriado oscuro…». (Teófilo)
219.[*c] «anaranjado». (B. Ph. Ch.)

XXX

DEL RÉGIMEN DEL SOL

I

Te aproximas ahora al final de tu obra y casi has acabado tu trabajo. Ahora todo aparece como oro purísimo y la leche de la Virgen con la que imbibes esta materia se hace citrina en gran manera. Da gracias a DIOS, dador de todos los bienes, que condujo la obra hasta aquí y ruégale de rodillas que dirija sin interrupción tu juicio, no sea que por precipitación pierdas tu obra tan cerca de la perfección.

II

Considera ahora que, si has esperado cerca de siete meses, no sería juicioso aniquilarlo todo en una sola pequeña hora. Has de ser más cauteloso cuanto más te aproximas a la perfección.

Si fuiste verdaderamente cauteloso en los pasos, se te presentarán estos signos: observarás sobre el cuerpo una especie de sudor citrino. Luego, vapores citrinos que, sedimentando el cuerpo (*subsidente corpore*), se teñirán de violeta, y algunas veces de púrpura. Después de una espera de catorce o quince días, en este régimen del Sol, observarás que la materia es húmeda en su mayor parte, aunque pesada; sin embargo, será transportada toda en el vientre del viento.[220][*a]

Finalmente, hacia el vigésimo sexto día de este régimen, comenzará a secarse; entonces se hará líquida y se congelará, y se hará líquida y se congelará, y se hará líquida de nuevo, cien veces por día, hasta que comience a volverse granulosa; y aparecerá completamente disociada en pequeños granos, luego se concentrará de nuevo y revestirá día a día formas espectrales (*formarum larvas*), y esto durará más o menos tres semanas.

III

E incluso al final, por voluntad de Dios, tu materia irradiará una luz que no podrías imaginar. Entonces espera en breve tiempo el final, que verás al cabo de tres días, cuando la materia formará granos como átomos de Sol y será de un color rojo tan intenso que al lado del rojo más notable parecerá ennegrecer como una sangre muy pura coagulada, y no creerías nunca que el arte podía crear nada comparable a este Elixir. Es una criatura tan admirable que no tiene par en la naturaleza entera, no habiendo nada exactamente similar a ella.

220.[*a] Véase la *Tabla de Esmeralda* de Hermes Trismegisto: «El Sol es su padre, y la Luna su madre, el viento la ha llevado en su vientre y la tierra es su nodriza».

XXXI

DE LA FERMENTACIÓN DE LA PIEDRA

I

Recuerda por otra parte que has encontrado un azufre rojo incombustible que no puede ser llevado más lejos de sí mismo, sea cual sea el fuego, y sé muy cauteloso, pues lo he omitido en el capítulo precedente, en el régimen del Sol citrino, antes del advenimiento del hijo sobrenatural vestido con púrpura de Tiro, no vitrifiques tu materia por una ignición indebida, pues entonces se volvería insoluble y, por consiguiente, no se congelaría en átomos tan bellos y rojos. Sé, pues, prudente, no privándote de un tesoro tal.

II

Sin embargo, no creas encontrar aquí el final de tus trabajos; has de seguir más lejos para obtener el Elixir a partir de este azufre después de un nuevo giro de rueda. Toma, pues, tres partes de Sol muy puro, una parte de azufre ígneo (puedes tomar cuatro partes de Sol y una quinta de azufre, pero la proporción precitada es mejor). Funde el Sol en un crisol limpio e introdúcele tu azufre, pero con precaución, no lo eches a perder a causa del humo de los carbones.

III

Haz de modo que todo esté en fusión, luego viértelo en una lingotera y obtendrás una masa polvorienta de un bello color rojo muy intenso y apenas transparente. Toma una parte de esta masa reducida a fino polvo y dos partes de tu Mercurio filosófico, mézclalas bien e introdúcelas en un vaso y rige el fuego como antes, y en dos meses verás pasar todos los regímenes de los que he hablado, en su orden.

XXXII

LA IMBIBICIÓN DE LA PIEDRA

I

Sé que muchos autores toman, en esta operación, a la fermentación por el agente interior invisible, al que llaman fermento, cuya virtud fugitiva hace espesar espontáneamente a los espíritus tenues sin que haya que ponerles la mano. En cuanto a nuestro procedimiento de fermentación al que acabamos de referirnos,[221] lo llaman la *cebación* con pan y leche,[222*a] etc. Es la opinión de Ripley.

II

Pero yo no suelo citar a los demás ni jurar por sus escritos, y en una cuestión conocida, tanto por mí como por ellos, mantendré mi propia libertad de opinión.

---

221. Véase capítulo XXXI de esta obra.
222.*a «(...) con pan y leche, es decir con el azufre perfecto y el Mercurio, que es la leche de la Virgen». (B. Ph. Ch.)

III

Existe, pues, otra operación por la que la piedra aumenta más en calidad que en cantidad, o sea, toma tu azufre perfecto, ya sea blanco, ya sea rojo, y junta a estas tres partes de azufre una cuarta parte de agua, y tras un poco de negrura y una cocción de seis o siete días, tu agua recientemente añadida se espesará como tu azufre.

IV

Añade entonces una cuarta (¿parte de agua?), no respecto a todo el compuesto que ya ha coagulado una cuarta parte después de la primera imbibición, sino respecto a la primera de tu azufre que tomaste al principio:[223*b] cuando se haya secado, añádele otra cuarta parte, que coagularás con el fuego conveniente;[224*c] ponle entonces dos partes de agua, con respecto a las tres partes de azufre que tomaste primero, antes de la primera imbibición, e imbíbelo y congélalo tres veces en esta proporción.[225*d]

V

Finalmente, para la séptima imbibición, pon cinco partes de agua respecto al azufre que tomaste al principio, que

---

223.*b «(…) esto se llama segunda imbibición». (B. Ph. Ch.)

224.*c «(…) que será la tercera imbibición. Para hacer la cuarta, pon...». (B. Ph. Ch.)

225.*d «(…) imbibe y congela por cuarta, quinta y sexta vez». (B. Ph. Ch.)

pondrás y sellarás en tu vaso, y con un fuego igual al primero, haz de modo que todo el compuesto pase por todos los regímenes que hemos descrito, lo que durará, a lo sumo, un mes. Tendrás entonces la verdadera piedra de tercer orden de la que una sola parte proyectada sobre diez mil, las teñirá perfectamente.[226*e]

226.*e «(...) sobre diez mil de metal imperfecto, las teñirá perfectamente en Oro». (B. Ph. Ch.)

XXXIII

LA MULTIPLICACIÓN DE LA PIEDRA

I

Para hacer esto no existe otro modo que, tomando la piedra perfecta y uniendo una parte de ella con tres partes de Mercurio de la primera operación, o a lo sumo cuatro, y regirlo con el debido fuego durante siete días con el vaso estrictamente cerrado; para un mayor placer, todos los regímenes pasarán y la piedra obtendrá una virtud mil veces mayor que antes de su multiplicación.

II

Y si intentas esto (esta operación) de nuevo, recorrerás en tres días todos los regímenes y será una medicina mil veces más fuerte y *tingente* todavía.

III

Y si todavía deseas repetirlo en un día natural harás pasar la obra por todos los regímenes y colores; si intentaras una vez más la experiencia, una sola hora bastaría, pero entonces ya no podrás imaginar la virtud de tu piedra.[227*a] Será tal que superará la capacidad de tu ingenio si alguna vez empezaras por quinta vez la multiplicación. Recuerda, pues, el dar eternamente gracias a DIOS, pues tienes en tu poder el tesoro entero de la naturaleza.

227.*a «(…) que será infinita, y por lo tanto incomprensible». (B. Ph. Ch.)

XXXIV

DE LA MANERA DE REALIZAR
LA PROYECCIÓN

I

Toma tu piedra perfecta como ha sido dicho, ya sea la blanca o la roja, y para la calidad de medicina toma cuatro partes de cada una de las luminarias,[228*a] fúndelos en un crisol limpio y ponle de tu piedra según la especie de luminar fundido, blanco o rojo, y luego vierte la mezcla en un cono[229*b] y tendrás una masa polvorienta, toma una parte de esta mezcla y diez partes de Mercurio bien lavado (*bene loti*); calienta el Mercurio hasta que comience a crepitar, entonces introduce tu mezcla, que penetra en un abrir y cerrar de ojos. Hazlo fundir en un fuego aumentado y toda la mezcla será una medicina de orden inferior.

228.[*a] «(…) Toma cuatro partes de una de las dos luminarias, es decir, de oro o de plata…». (B. Ph. Ch.)

«(…) Toma cuatro partes de cualquiera de las luminarias…». (Teófilo)

229.[*b] «(…) vacía el crisol…». (B. Ph. Ch.)

«(…) vacía la mezcla en una rillera». (Teófilo)

II

Toma entonces una parte de ésta y proyéctala sobre cualquier metal fundido y purgado, tanto como tu piedra pueda teñir, y tendrás oro y plata tan puro que más puro no lo dará la naturaleza.

III

Es, sin embargo, preferible hacer la proyección por grados hasta que cese la tintura, porque proyectando una cantidad de piedra tan pequeña sobre una cantidad tal de metal, a menos que la proyección se haga sobre Mercurio, es notable el desperdicio de medicina, a causa de las escorias que se adhieren a los metales impuros. Por ello, cuanto mejor purgados están los metales antes de la proyección más felizmente sucede el trabajo sobre el fuego.[230*c]

230.*c «(…) y menos pérdidas hay en su transmutación». (Teófilo)

XXXV

DE LOS MÚLTIPLES USOS DE ESTE ARTE

I

Aquél que ha realizado (*elaborabit*) una sola vez este arte, gracias a la bendición de DIOS, no sé qué puede desear en este mundo sino poder servir a Dios sin distracción, al amparo de todos los engaños y falacias de los hombres. ¡Qué cosa vana sería anhelar la vulgar pompa exterior! Por el contrario, no es esto lo que tienta el corazón de aquellos que están versados en este arte, pues más bien la rechazan y condenan.

II

A aquél que ha sido beatificado por DIOS con este talento le están abiertos otros campos de voluptuosidad que son mucho más dignos de la admiración popular.[231*a]

231.*a «He aquí cuál es la felicidad y la dicha de aquél al que DIOS ha querido gratificar con este talento. Es un vasto campo abierto a tales placeres, voluptuosidad y contentamiento, que es infinitamente más digno y precioso que toda la admiración popular». (B. Ph. Ch.)

«Al que Dios hizo dichoso con esta ciencia, a éste le es abierto un campo para tener o hacer lo que quisiere o deseare». (Teófilo)

1) Primero, si viviera mil años y alimentara cotidianamente a un millón de hombres, no le faltaría nunca nada, ya que podría multiplicar la piedra a su gusto, tanto en cantidad como en calidad. De modo que este hombre, si fuera un Adepto, si lo deseara, podría teñir todos los metales en oro o en plata verdaderos.

2) Segundo, podría confeccionar con este arte piedras preciosas y gemas que no se podrán comparar con todas aquellas hechas en la naturaleza sin este arte.

3) Tercero, y finalmente, posee una medicina universal tanto para la prolongación de la vida como para curar todas las enfermedades. Un solo Adepto, por lo menos, valdría para curar a todos los enfermos del mundo entero.

III

Alabemos sin cesar al Rey eterno e inmortal y único todopoderoso, por sus dones inenarrables y sus tesoros inestimables.

IV

A aquél que goza de este talento, le aconsejo que lo utilice para el honor de DIOS y la utilidad del prójimo, para que no aparezca como ingrato a los ojos de DIOS, que le ha confiado este don precioso, y no se vea condenado en el último día.

V

Esta obra fue empezada en el año 1645 y acabada por mí, que he declarado y declaro abiertamente estos arcanos, sin buscar aplausos, sino deseando ayudar como un amigo y hermano a aquellos que se interesan sinceramente por este Arte oculto. Firmo IRENEO FILALETEO, Inglés de nacimiento, habitante del Universo.[232*b]

IRENEO FILALETEO

232.[*b] Este apartado no aparece en la versión de Teófilo.

IN MEMORIAM PRUDENCI REGUANT

Durante prácticamente todo el año 1979 estuvimos ocupados con Prudenci Reguant traduciendo LA ENTRADA ABIERTA AL PALACIO CERRADO DEL REY. Fueron largas tarde «ordeñando» el diccionario latino-español y discutiendo cada frase. Junto con el texto latino utilizamos también la traducción francesa de Maxime Préaud, si no me equivoco, y la española de Teófilo, que nos descubrió Alfonso de la Maza. Alfonso hizo su tesis de doctorado en Químicas sobre este libro, si la memoria no me falla.

Han pasado ya casi 45 años. Prudenci se fue.

Mientras revisaba el texto de esta nueva edición, me di cuenta de una cosa: **en todos estos años no he sido capaz de averiguar cuál es este Palacio cerrado del Rey,** a qué se refiere esta expresión. La clave, como era de esperar, me la iba a proporcionar la cábala.

Leyendo el Zohar, en la parashah *Vaikrá* (III-6b), gracias a un comentario, creo haberla encontrado. El texto del Zohar, tan bello como enigmático, es el siguiente:

אמר ליה רבי אחא, וכן כל אינון בני היכלא דמלכא, בלישנא דא
פתחין, הדא הוא דכתיב (שם ס א) קומי אורי כי בא אורך,

«Rabbí Aja le dijo: y esto es así con todos
los miembros (o los hijos) del Palacio del Rey,
abren con esta expresión: "levántate".
A esto se refiere lo que está escrito (*Ibid.* LX-1):
"Levántate, reluce; porque ha venido tu luz"».

Lo primero que hemos de preguntarnos qué es lo que abren estos miembros del palacio del Rey.

En primer lugar, abren el versículo, abren el texto, abren la *Torah*. Pero quizá lo que de verdad están abriendo es algo mucho más enorme: el Tetragrama, el Nombre de Dios. Al fin y al cabo, la *Torah* entera es un Nombre de Dios…

La guematria de *Kumi* (קומי), que es en arameo lo mismo que *Kum* (קום) en hebreo, «levántate», es 156, o sea la guematria del Tetragrama, 26, multiplicada por 6. La de *Ki Bo Oreja* (כי בא אורך), «porque ha venido tu luz», es 260, o sea de nuevo la guematria del Tetragrama, 26, multiplicada por 10.

Pero hay otras guematrias muy curiosas en el texto: la guematria de Rabbí Aja (רבי אחא) es 222 y coincide con la de *Berej* (ברך), «rodilla». Si calculamos ahora la de *Beni Eijal haMelej* (בני היכלא דמלכא), miembros del Palacio del Rey, nos llevamos la sorpresa de que es la siguiente: 223.

Si calculamos ahora la de *Oreja* (אורך), «tu luz», descubrimos que es 227, como la de *Berajah* (ברכה), «bendición», que ha de enderezarnos, de hacer que nos levantemos. *Berajah* (ברכה) procede de *Berej* (ברך), «rodilla».

Pero lo más sorprendente nos lo revelará el comentario denominado *Matok Midvash* del Zohar, que nos dice que los «**miembros del Palacio del Rey» son los profetas**. Al fin y al cabo, los profetas son los que han recibido y «entrado» en la palabra, que ha sido abierta para ellos por el *Ruaj haKoddesh*.

El Palacio del Rey es, pues, la profecía, la palabra, la experiencia profética a la que se llega por medio de la bendición. Y ésta parece abrirse cuando algo «se levanta». *Kumi* aparece en el famoso *Thalitha Kumi* (טליתא קומי) de Marcos (V-41). *Talitha* significaría «muchacha» o incluso «cordera» sin embargo, hemos de señalar que sus dos primeras letras, *Tal*, significan «rocío». Por otra parte, la guematria de *Kum* (קום) es 146 y coincide con la de *Tala Elaah* (טלא עלאה) que se suele traducir como «rocío supremo» o incluso «rocío del cielo».

En el *Mensaje Reencontrado* de Louis Cattiaux, un alquimista del siglo xx que conocía y recomendaba la obra de Filaleteo, (XXXV-49) podemos leer:

«¿Dónde está el inteligente que se prosterna ante
el Señor del cielo y que recibe su bendición muy santa
y muy viva?».

Prosternarse es ponerse de rodillas, recordemos *Berej* (ברך), para recibir la bendición, la *Berajah* (ברכה). Y otro versículo (XXI-9) dice:

«Durante largo tiempo me he desecado sobre la arena
muerta, pero cuando el rocío del Señor me bendijo…».

Sirvan estas líneas de recuerdo y homenaje a Prudenci, que estudió incansablemente los libros santos y sabios y laboró horas interminables en su laboratorio del Clot.

También en el *Mensaje Reencontrado*, (XV-61) libro que Prudenci amaba, podemos leer:

«Seamos, pues, imprudentes y gratuitos
como verdaderos poetas».

Prudenci, a pesar de su nombre, nunca fue alguien prudente, pero sí fue generoso y gratuito, y también poeta.

JULI PERADEJORDI

CONTENIDO